Leben ohne Beruhigungsmittel

ECON Ratgeber
Gesundheit

Dr. med. Vernon Coleman

Leben ohne Beruhigungsmittel

Angst und Streß überwinden lernen

ETB
ECON Taschenbuch Verlag

Anne McDermid und Imogen Parker in Liebe und Dankbarkeit gewidmet

Vom gleichen Autor ist im ECON Taschenbuch Verlag außerdem erschienen:
Der große Gesundheitstest (ETB 20258)

CIP-Kurztitelaufnahme der Deutschen Bibliothek

Coleman, Vernon:
Leben ohne Beruhigungsmittel: Angst u. Streß
überwinden lernen / Vernon Coleman. [Aus d.
Engl. übers. von Jutta Hein, M. A.]. Dt. Erstausg. –
Düsseldorf: ECON Taschenbuch Verlag, 1987.
(ETB 20284; ECON Ratgeber: Gesundheit)
ISBN 3-612-20284-7

ECON Taschenbuch Verlag GmbH, Düsseldorf
Lizenzausgabe
Mai 1987

Titel des englischen Originals:
»Life without Tranquilizers«
Umschlagentwurf: Ludwig Kaiser
Titelfoto: Photo-Design-Studio Gerhard Burock
Aus dem Englischen übersetzt von Jutta Hein, M. A.

Satz: Computersatz Bonn GmbH, Bonn
Druck und Bindearbeiten: Ebner Ulm
Printed in Germany
ISBN 3-612-20284-7

Inhalt

Warnung

Wenn Sie unter irgendwelchen geistig-seelischen Beschwerden leiden (Depressionen oder Verwirrung), dann müssen Sie sofort zum Arzt gehen. Auch wenn Sie sich Sorgen um Ihre Gesundheit machen, sollten Sie in jedem Fall ärztlichen Rat einholen.

Einleitung

Das größte Problem im Bereich der Drogenabhängigkeit hat weltweit nicht mit Heroin, Kokain oder Marihuana zu tun. Es steht in keinerlei Zusammenhang mit irgendwelchen illegalen Drogen. Das größte Problem besteht in einer Reihe von Drogen, den *Benzodiazepinen*, die überall von Ärzten verschrieben und auf der ganzen Welt von unzähligen Millionen von ganz normalen, durchschnittlichen Menschen genommen werden.
Obwohl sie noch nicht einmal ein Vierteljahrhundert lang zur Verfügung stehen, sind Benzodiazepine wie Valium und Librium zu den beliebtesten Drogen der Welt geworden. Sie sind so weit verbreitet, daß Sie bei jeder beliebigen Menschenansammlung von mehr als 6 Personen in Handtaschen und Jackentaschen gukken können und vermutlich mindestens eine Packung dieser Medikamente finden werden. Die Menschen nehmen sie, um Ängste zu ertragen, um einzuschlafen und um mit Hunderten von körperlichen und geistig-seelischen Beschwerden fertig zu werden. Diese Beschwerden sind so unterschiedlich, daß eine vollständige Liste wie der alphabetische Anhang eines medizinischen Fachbuchs aussehen würde.
Fachleute, die sich intensiv mit Drogenabhängigkeit befassen, behaupten, daß es schwerer ist, Menschen von den Benzodiazepinen loszubekommen als von Heroin. Und dennoch verordnen Ärzte in Krankenhäusern und Praxen diese Drogen weiterhin.

Vor 10 Jahren habe ich schon vorausgesagt, daß sich eines Tages herausstellen würde, daß die Benzodiazepine abhängig machen. Medizinische Fachliteratur auf der ganzen Welt ist voll von Artikeln, die die Gefahren dieser Medikamente beschreiben. Und dennoch werden sie *immer noch* in riesigen Mengen verordnet.
Statistiken über den Gebrauch von Benzodiazepinen sind ungenau. Die Zahlen sind von Land zu Land unterschiedlich, aber als Mittelwert kristallisiert sich heraus, daß einer von 10 Menschen irgendein Benzodiazepin nimmt. Trotz der Tatsache, daß diese Medikamente nur richtig wirken, wenn sie über einen sehr kurzen Zeitraum eingenommen werden, gibt es Millionen von Menschen, die eines dieser Mittel länger als 1 Jahr geschluckt haben. Es gibt sogar Millionen, die Benzodiazepine über mehrere Jahre genommen haben. Die meisten dieser Langzeitkonsumenten sind Frauen, und die Mehrzahl von ihnen ist über 40 Jahre alt; aber die Zahl der betroffenen Menschen ist so riesig, daß vermutlich keine einzige Gruppe ausgenommen ist. Männer, Frauen, Kinder – alle nehmen Benzodiazepine.
Seit einigen Jahren kämpfen Selbsthilfe- und andere Gruppen darum, den Abhängigen zu helfen, von ihrer Sucht loszukommen. Aber der Kampf ist verloren. So schnell wie ein Mensch von den Benzodiazepinen loskommt, so schnell wird irgendwo ein anderer Patient davon abhängig gemacht.
Ich glaube, daß der Hauptgrund dafür nicht darin liegt, daß die Ärzte von der Verschreibung der Benzodiazepine genauso abhängig sind wie die Patienten von der Einnahme. Ich glaube auch nicht, daß das Problem je durch sanfte Überredungskünste gelöst werden kann oder damit, daß man Patienten vorsichtig von diesen Mitteln abbringt. Ich glaube, daß die einzige echte langfristige Lösung darin liegt, daß wir uns der Gefahren der Benzodiazepine bewußt werden und sie meiden wie die Pest.
Der Nutzen der Benzodiazepine ist begrenzt und verhältnismäßig unbedeutend. Wir können gut ohne sie auskommen. Ich glaube, daß sich das Problem erst lösen läßt, wenn Patienten in der ganzen Welt sich einig sind und deutlich machen, daß sie nicht bereit sind, die Verordnung dieser gefährlichen Medikamente zu akzeptieren.

In diesem Buch habe ich mehrere Dinge versucht. Erstens versuche ich deutlich zu erläutern, warum ich meine, daß der Druck und der Streß in unserer Gesellschaft so groß sind, daß viele Millionen Menschen Hilfe brauchen. Zweitens erkläre ich mit Einzelheiten, warum ich die Benzodiazepine nicht für eine ungefährliche, sichere Antwort auf die Probleme halte. Viele der Forschungsergebnisse, die ich hier mit herangezogen habe, sind in medizinischen Fachblättern auf der ganzen Welt versteckt. Drittens stelle ich sehr gezielte Informationen für die Menschen zur Verfügung, die schon Benzodiazepine nehmen und davon loskommen wollen. Von diesen Medikamenten wegzukommen, ist nicht leicht. Aber man kann es schaffen. Zusätzlich biete ich noch eine ganze Reihe von Informationen an, wie Menschen, die unter Streß und Ängsten leiden, meiner Meinung nach mit ihren Belastungen und Problemen wirkungsvoller und besser fertig werden.

Ich hoffe, daß dieses Buch dazu beiträgt, das Totengeläut für die Benzodiazepine erklingen zu lassen. Aber ich hoffe auch, daß es den Millionen von Menschen, die Benzodiazepine nehmen, vernünftige Alternativen anbietet.

Vernon Coleman

Streß und die Folgen

Die besonderen Belastungen des Lebens in den achtziger Jahren

Die meisten von uns haben genug zu essen, einen einigermaßen warmen, trockenen Schlafplatz für die Nacht, müssen sich nicht übermäßig Sorgen darüber machen, daß sie von wilden Tieren gefressen werden, und können unter mehreren Fernsehkanälen ihr Unterhaltungsprogramm wählen. Verglichen mit unseren Vorfahren, sollte man denken, haben wir es geschafft. Und doch deutet alles darauf hin, daß wir mitten in einer großen Epidemie streßbedingter Krankheiten stecken. Im 20. Jahrhundert ist Streß das, was früher die Pest war.

Nie zuvor in der Geschichte mußten so viele Menschen wegen solcher streßbedingten Beschwerden wie Bluthochdruck, Herzerkrankungen und Magengeschwüren behandelt werden. Asthma, Ekzeme, Dickdarmkatarrh und Migräne sind streßbedingt. Und Millionen von Menschen leiden unter Schlaflosigkeit, Angstzuständen und anderen geistig-seelischen Symptomen, weil sie zuviel Streß ausgesetzt sind. Der einzige Grund, warum Valium und die anderen Benzodiazepine so beliebt geworden sind, liegt darin, daß die Epidemie der streßbedingten Erkrankungen unkontrollierbar geworden ist.

Bevor ich über Valium selbst spreche, möchte ich auf einigen Seiten erläutern, warum meiner Meinung nach unsere besonderen modernen Streßbelastungen zu so vielen körperlichen und geistig-seelischen Erkrankungen geführt haben. Wir *sollten eigentlich* zufrieden, bequem und glücklich leben. Aber in den hochentwickelten Ländern leiden wir unter so vielen Streßbeschwerden, daß Valium und ähnliche Produkte zum größten Verkaufsschlager aller Zeiten geworden sind.

Ich glaube, daß die Erklärung für all dieses bemerkenswert einfach ist. Unser Körper wurde vor langer Zeit entworfen. Und es ist eine traurige Tatsache, daß er für diese Art von Gesellschaft und Umwelt, die wir uns selbst geschaffen haben, nicht sonderlich tauglich ist.

Unser Körper wurde entworfen für eine Welt, in der wir von bedrohlichen Feinden umgeben sind. Wir sind angelegt für eine Welt, in der Kämpfen und Rennen nützlich sind – praktische Lösungen für akut auftretende Probleme. Unser Körper war ursprünglich darauf angelegt, bei Konfrontationen mit Säbelzahntigern richtig zu funktionieren. Wenn wir auf ein spezielles Problem dieser Art stoßen, reagieren wir eigentlich ganz logisch: Unsere Muskeln spannen sich an, unser Herz schlägt schneller, unser Blutdruck steigt, Adrenalin strömt durch unsere Adern, und der ganze Körper wird in Alarmstimmung versetzt. Dann können wir mit erstaunlicher Geschicklichkeit kämpfen, rennen, springen und klettern.

Es ist natürlich höchst ärgerlich, daß unsere Probleme heutzutage nicht ganz so einfach und unmittelbar auf uns zukommen. Statt einem Säbelzahntiger, einem Rudel hungriger Wölfe oder einem gereizten Keiler gegenüberzustehen, müssen wir uns wahrscheinlich mit Arbeitslosigkeit, hohen Stromrechnungen oder übereifrigen Polizisten auseinandersetzen. Keines dieser modernen Probleme ist leicht aus der Welt zu schaffen. Keins kann durch schnelleren Herzschlag, höheren Blutdruck oder angespannte Muskeln beseitigt werden. Diese natürlichen physiologischen Reaktionen helfen Ihnen nicht, mit den Schwierigkeiten besser fertig zu werden.

Aber genau auf diese Weise reagiert Ihr Körper. Angesichts einer Bedrohung reagiert er mit der einzigen Methode, die er kennt – er bereitet sich auf physische Aktion vor. Wir haben uns nicht schnell genug entwickelt, wir haben noch nicht gelernt, daß diese rein körperlichen Reaktionen gar nichts helfen.

Die schlichte Wahrheit lautet, daß wir unsere Welt weit schneller verändert haben, als unsere Körper sich daran anpassen konnten. Zu keiner anderen Zeit in der Weltgeschichte hat es einen so stetigen, dauernden Fortschritt der Ideen gegeben. Nie zuvor haben sich Moderichtungen, Themen, Einstellungen so schnell geändert, nie zuvor waren Erwartungen und Druck so hoch. Umwälzende Veränderungen in Ackerbau, Seefahrt, Medizin, Militärstrategie, Industrieverfahren, Entwicklung, Verkehr und Kommunikation haben auch unsere Welt verändert. Aber unsere Körper sind noch fast genauso wie vor 2000 Jahren gebaut. Der menschliche Körper braucht Tausende von Jahren für eine Anpassung. Aber der Fortschritt war einfach zu rasant, als daß er uns guttäte. Heutzutage reagiert unser Körper auf Bedrohung noch genauso wie vor Tausenden von Jahren. Aber leider sind unsere Reaktionen alles andere als angemessen.
Es sind tatsächlich die natürlichen Körperreaktionen, die die streßbedingten Erkrankungen hervorrufen. Und die Symptome von streßbedingten Krankheiten entstehen, weil die Probleme, die diese Beschwerden auslösen, nicht schnell wieder verschwinden, sondern Stunden, Tage, Monate oder sogar Jahre bestehen bleiben.
Wenn Sie plötzlich vor Rechnungen stehen, die Sie nicht bezahlen können, haben Sie wahrscheinlich tagelang Sorgen. Und während dieser ganzen Zeit wird Ihr Körper auf die einzige Art reagieren, die er kennt – er bereitet Sie auf einen physischen Einsatz vor. Ihr Körper merkt, daß Sie einer Bedrohung ausgesetzt sind, und automatisch steigert er den Blutdruck, erhöht die Muskelspannung usw. Alle diese Veränderungen sind als Hilfe dafür gedacht, daß Sie vor der Bedrohung davonrennen oder sie bekämpfen, bis sie tot umfällt. Aber machen Sie das mal mit einer Rechnung...
Statt zu helfen, führen solche Reaktionen leider dazu, daß sich Geschwüre, Herzerkrankungen und Bluthochdruck einstellen.

Des einen Lust, des anderen Last

Die vielen unterschiedlichen Belastungen und Probleme, mit denen wir uns heutzutage auseinandersetzen müssen, werden normalerweise mit einem einzigen Wort bezeichnet: *Streß*. Es ist ein Wort, das oft unrichtig angewendet wird, aber es faßt alle die Belastungen und Probleme zusammen, die uns Sorgen machen und uns in Gefahr bringen.

Das Merkwürdige ist jedoch, daß es keine echte Wechselwirkung zwischen vorhandenem Streß und der Entwicklung streßbedingter Erkrankungen zu geben scheint. Manche Menschen scheinen schon schwer zu leiden, wenn sie auch nur relativ geringem Streß ausgesetzt sind, während andere in der Lage sind, mit ungeheurem Streß und Belastungen fertig zu werden – sie scheinen unter dem Streß manchmal regelrecht aufzublühen.

Der Grund für diese scheinbare Anomalie liegt darin, daß Streß selbst nie irgendwelche Probleme verursacht. Es ist nicht die Existenz von Streß, die Schäden verursacht, sondern unsere *Reaktion* auf den Streß. Nicht die Veränderungen des Drucks und der Belastungen verursachen die Angstzustände oder die Herzerkrankung, sondern die Unfähigkeit des einzelnen Menschen, mit den durch die Veränderungen verursachten Schwierigkeiten und Anforderungen fertig zu werden.

Jeder von uns hat zwei ziemlich klar festgelegte Streßschwellen. An einem Ende des Streß-Maßbandes können wir alle nur mit einem bestimmten Maß an Aktivität umgehen. Am anderen Ende des Spektrums können wir nur mit einem bestimmten Maß an Inaktivität umgehen. Wenn Sie ein Mensch mit niedriger Streßschwelle bei Aktivität sind, werden Sie vermutlich schlecht reagieren, wenn Sie Belastungen ausgesetzt sind. Wenn Sie eine niedrige Streßschwelle bei Inaktivität haben, dann reagieren Sie schlecht, wenn Sie nicht ausreichend auf Trab gehalten werden. Langeweile ist Ihr Untergang.

Wenn der Abstand zwischen beiden Schwellen eng ist, dann werden Sie wahrscheinlich besonders unter Streß zu leiden haben. Wenn der Abstand zwischen beiden Schwellen groß ist, dann werden Sie vermutlich relativ wenig unter Streß zu leiden haben.

Ist der Abstand zwischen den Streßschwellen eng, ist es besonders wahrscheinlich, daß Sie schließlich zu Valium greifen – oder zu einem ähnlichen Präparat.

Was beeinflußt unsere Reaktionen auf Streß?

Im Laufe vieler Jahre bin ich immer mehr zu der Erkenntnis gekommen, daß die Art und Weise, in der wir auf Streß reagieren, von 7 einzelnen Antriebskräften beeinflußt wird. Diese Kräfte sind: Schuldgefühle, Langeweile, Eitelkeit, Frustration, Ehrgeiz, Angst und Lust. Diese Einzelkräfte sind es, die entscheiden, ob ein spezieller Streß schließlich zu Problemen führt oder nicht. Es sind diese Kräfte, die bestimmen, ob besondere Sorgen innerhalb oder außerhalb Ihrer Streßschwellen liegen. Und schließlich sind es diese 7 Kräfte, die bestimmen, ob Sie Valium brauchen oder nicht.
Weil diese Antriebskräfte so wichtig sind, beschreibe ich sie auf den folgenden Seiten etwas ausführlicher. Es ist übrigens ganz wichtig, sich klarzumachen, daß an jedem äußerlich auftretenden Problem wahrscheinlich mehr als eine dieser Kräfte beteiligt ist.

Schuldgefühle
Schuld ist nicht einfach das, was Sie empfinden, wenn Sie aus Versehen bei anderen Leuten einen Teller zerschlagen. Es ist auch nicht nur das, was Sie spüren, wenn Sie unabsichtlich die Gefühle eines anderen Menschen verletzt haben. Schuld ist weit, weit mehr als diese beiden Gefühle.
Schuld ist eine der mächtigsten, tiefgreifendsten und gefährlichsten Emotionen im Leben. Obwohl ein Teil der Schuld durch Bedauern und Fehlverhalten verursacht wird, werden die meisten Schuldgefühle nicht durch irgendein scheußliches Verbrechen hervorgerufen, sondern durch Gefühle der Unzulänglichkeit und des Versagens, für die oft andere Menschen gesorgt haben. Manchmal werden solche Gefühle absichtlich geweckt. Manchmal gehen sie auf unbewußte Manipulationen zurück.
Nehmen Sie beispielsweise Eltern, die möchten, daß die Tochter

Weihnachten zu Hause verbringt. Sie könnten solche Sätze sagen wie: »Wenn du uns wirklich lieb hättest...« oder: »Es wird ohne dich sehr einsam sein...«. In beiden Fällen sorgen sie dafür, daß die Tochter sich schuldig fühlt. Ihr manipulierendes Verhalten kann Absicht sein oder auch nicht. Das Endergebnis wird in jedem Fall dasselbe sein.

Oder nehmen Sie ein junges Mädchen, das eine Verabredung mit dem Freund hat. Die beiden sitzen gemütlich auf dem Rücksitz seines Autos und kommen an den Punkt, wo es nur noch eine Möglichkeit gibt. Wenn das Mädchen zögert und sich sträubt, wird er vermutlich diese oder ähnliche Argumente anführen: »Wenn du mich liebst...« oder »Ich werde krank, wenn du nicht...« Wieder wird Schuld als manipulierende Kraft eingesetzt.

An diesen beiden Beispielen können Sie erkennen, daß Schuld oft auf Grundlagen wie Liebe und Mitgefühl basiert. Und die wahre Ironie bei Schuldgefühlen liegt darin, daß ein Mensch wahrscheinlich um so mehr unter ihnen zu leiden hat, je liebenswürdiger und einfühlsamer er ist. Und es stimmt auch, daß die Schuldgefühle um so größer sind, je enger eine Beziehung zwischen Menschen ist. Aus unserem Zusammensein mit engen Familienmitgliedern, nahen Freunden und geliebten Partnern erwachsen viele Schuldgefühle.

Manchmal sind die Dinge, die wir einander sagen, ziemlich leicht als Manipulationen zu erkennen. Beispielsweise Sätze wie: »Wir haben dir eine Menge Opfer gebracht...«, »Du solltest alle Chancen bekommen, die wir nicht hatten...« und »Du machst deine Mutter krank...« sind ziemlich gemein. Das ist die Sorte von Sätzen, die Eltern aussprechen, wenn sie erreichen wollen, daß die Kinder etwas Bestimmtes tun. Die Aussichten, daß sie auch ihren Willen bekommen, hängen weitgehend davon ab, wie eng die Beziehung zu den Kindern ist. Je opferbereiter die Eltern waren, desto leichter ist es für sie, bei den Kindern Schuldgefühle hervorzurufen.

Obwohl persönliche Beziehungen eine häufige und wirkungsvolle Ursache für Schuldgefühle sind, muß man jedoch auch wissen, daß Schuld oft durch gesellschaftlichen Druck entstehen kann.

Ich meine nicht die Art von Belastung, die uns Schuldgefühle vermittelt, wenn wir stehlen oder morden. Die Dinge liegen viel subtiler.
Religiöse Leitfiguren haben jahrhundertelang die Tatsache erkannt und ausgenutzt, daß Schuldgefühle dienlich sein können, um Selbstvertrauen und Sicherheit zu unterdrücken und eine Gemeinde gehorsam und gefügig zu machen. Auch Lehrer behaupten – nicht ganz ohne Grund –, daß sie den Geist kleiner Kinder wie Ton formen könnten. Sie setzen oft Schuldgefühle als Waffe ein.
Neben den Lehrern und den Priestern gibt es jedoch heutzutage viele moderne Kräfte, die Schuldgefühle hervorrufen. Sehen Sie sich in Ihrer Umgebung um, und Sie werden vermutlich mehrere Dutzend Botschaften entdecken, die darauf angelegt sind, bei Ihnen Schuldgefühle zu erzeugen. Ich spreche von der Art Botschaften, wie sie in der Werbung eingesetzt werden, und wenn Sie sich irgendeine x-beliebige Werbung einmal genau durchlesen oder anhören, werden Sie schon sehen, was ich meine.
Sie können da beispielsweise Sätze wie diese finden: »Lieben Sie IHN so sehr, daß Sie auch xy für IHN kaufen. . .?«, »Sollten Sie Ihren Kindern nicht besser XYZ-Produkte zum Frühstück geben?«, »Andere werden sich von Ihnen abwenden, wenn Sie nicht ABC-Seife benutzen. . .«. Bei allen diesen Beispielen legt es die Werbung bewußt darauf an, daß Sie sich in irgendeinem Bereich schuldig fühlen – damit Sie dann Ihr Geld für das bestimmte Produkt ausgeben.
Dann gibt es da noch den Druck, der aus der politischen Ecke kommt, beispielsweise aus der engagierten Frauenbewegung. Ich will wirklich keineswegs behaupten, daß jeder, der Mitglied einer solchen Organisation ist, Sie auch absichtlich zu manipulieren versucht. Aber Tatsache bleibt, daß die Ideen, die von denen verbreitet werden, die für die volle Gleichberechtigung der Frau im gesellschaftlichen, ökonomischen und politischen Bereich eintreten, für ungeheure Schuldgefühle sorgen.
Frauen leiden, weil sie versuchen müssen, ihre traditionelle Aufgabe zufriedenstellend zu erfüllen, nämlich sich um Ehemann, Kinder und Haushalt zu kümmern; aber gleichzeitig müssen sie

versuchen, ihre eigene Identität zu finden, jedoch nicht in der Rolle als Frauen und Mütter, sondern als Mensch. Die Konflikte zwischen diesen beiden Zielen führen zu außerordentlich großen Schuldgefühlen. Die Frau, die ihre eigene Karriere wegen der Familie aufgibt, fühlt sich schuldig, weil sie sich bewußt wird, daß sie vor sich selbst und ihren Geschlechtsgenossinnen versagt hat. Die Frau, die sich aus voller Überzeugung und mit ganzem Herzen auf eine Karriere stürzt, hat Schuldgefühle, weil sie so oft von zu Hause fort ist.

Nicht, daß diese besondere Form der Schuldgefühle allein bei den Frauen auftritt. Auch Männer leiden. Manche fühlen sich vielleicht schuldig, weil sie eine Frau als absolut gleichberechtigt behandeln, das aber im Gegensatz zu dem steht, was man ihnen als Jungen beigebracht hat. Aber viele fühlen sich vielleicht auch schuldig, wenn sie eine Frau nur als ein zartes, verletzliches weibliches Geschöpf, das Hilfe braucht, behandeln. Selbst eine so einfache Entscheidung, ob er im Bus aufstehen und einer Frau seinen Platz anbieten soll oder nicht, kann einen Mann in die Klemme bringen und zu Schuldgefühlen führen, ganz gleich, was er am Ende tut.

Die Wirkung der Schuldgefühle ist vielfältig und genauso schwer zu beurteilen wie ihre Ursache. Es besteht jedoch wenig Zweifel daran, daß Schuld unendlich viel Scham, Unzulänglichkeitsgefühle und Minderwertigkeitskomplexe verursacht und bei den einen zu einem Mangel an Selbstvertrauen und bei den anderen zu dem Gefühl, versagt zu haben, führt.

Diese Gefühle sind dann wieder für viele geistig-seelische und körperliche Erkrankungen verantwortlich.

Langeweile

Wenn Sie an Streß denken, dann fallen Ihnen vermutlich entnervte Manager ein, die den teuren Aktenkoffer mit feuchten Händen umklammern und sich durch das Gedränge der Abflughalle am Flughafen kämpfen. Oder rotgesichtige, übergewichtige Autofahrer, die aus dem Fenster ihres Wagens hängen und gedankenlose Fußgänger mit kräftigen Schimpfwörtern bedenken. Oder nervöse, schwitzende Verkäuferinnen, die darum kämpfen, ganze Horden von wildentschlossenen Käuferinnen zu Beginn des Winterschlußverkaufs zu bändigen. Oder verzweifelte, blasse Ärzte in weißen Kitteln, die Seite an Seite mit einem Team von geschäftigen Schwestern arbeiten und um das Leben eines Unfallopfers ringen.

Das sind die Bilder, die das Wort »Streß« im allgemeinen auslöst.

In Wahrheit ist es jedoch so: Genau wie zuviel Aktivität Streß verursachen kann, so kann auch *zuwenig* Aktivität zu Streß führen. Wie ich zu Beginn dieses Kapitels schon geschrieben habe, ist der menschliche Körper auf direkte, physische Aktion angelegt. Zuviel Aktion und die falsche Art von Sorgen können Streß auslösen. Aber das kann auch ein Zuwenig. Und daher ist paradoxerweise Langeweile eine der mächtigsten, grundlegenden Triebkräfte unserer Zeit – eine Gefahr, der 4 Personengruppen besonders ausgesetzt sind.

- Erstens sind da die Menschen, deren tägliche Arbeit phantasielos, anspruchslos und unbefriedigend ist. Es gab einmal eine Zeit, in der fast jede Art von Arbeit eine gewisse Geschicklichkeit verlangte. Von einem Handwerker wurde erwartet, daß er bewegliche Finger und geschickte Hände hatte. Ein Büroangestellter mußte gut mit Sprache und Zahlen umgehen können.

Heutzutage gibt es jedoch Millionen von Menschen, deren Arbeit ihnen nicht mehr abverlangt, als Kindermädchen für irgendwelche Maschinenteile zu spielen. In Büros stehen Computer und Textverarbeitungssysteme, die Briefe schreiben, die Rechtschreibung überprüfen, Zahlen zusammenzählen und Listen führen können. Sie können diese Aufgaben schneller und wirkungsvoller erledigen, als ein Mensch je hoffen könnte. In Fabriken stehen Maschinen, die sorgfältig polierte, sauber konstruierte Gegenstände in endloser Reihe hervorbringen. Kein einziger Handwerker, der die Drehbank und sein eigenes Können einsetzt, dürfte darauf hoffen, es ihnen an Genauigkeit gleichzutun.

Moderne Maschinen sind so hoch entwickelt, daß sie unvermeidlich in jedem Arbeitsverhältnis die Rolle des Chefs übernehmen.

Fließbänder transportieren Rohmaterial von einem Ende der Fabrik zum anderen, und der gesamte Herstellungsprozeß ist auf die Bedürfnisse, Fähigkeiten und Stärken der Maschinen ausgerichtet statt auf die der sie bedienenden Männer und Frauen. Männer, die früher einmal als geschickte Handwerker galten, werden als einfache Aufpasser für die Maschinen beschäftigt. Statt eine Arbeit zu tun, die sie stolz und zufrieden macht, spielen sie Babysitter für riesige, komplizierte Techniken, die einen unersättlichen Appetit auf Rohstoff und Elektrizität haben, die aber dem sie bedienenden Menschen wenig Gelegenheit zu Stolz und Selbstverwirklichung geben.

- Das Bemühen darum, fähige Facharbeiter durch Maschinen zu ersetzen, hat zu der zweiten wesentlichen Ursache für die Langeweile in unserer Gesellschaft geführt – zur Arbeitslosigkeit. Wenn ein Unternehmen im internationalen Wettbewerb mithalten will, muß es immer mehr Maschinen einsetzen. Und das muß unausweichlich zu steigender Arbeitslosigkeit führen.

Weil wir in einer arbeitsorientierten Welt leben, in der der Status eines Mannes, selbst seine Männlichkeit davon abhängen, ob er einen Arbeitsplatz in gewisser gehobener Stellung und einem bestimmten Maß an Macht hat, führt die Arbeitslosigkeit zu einer ganzen Reihe von schädlichen Auswirkungen. Der Mann, der seinen Arbeitsplatz verloren hat oder keinen neuen finden kann, wird zweifellos riesige Schuldgefühle entwickeln. Er hat vor sich selbst und allen Menschen in seiner Umgebung das Gefühl, versagt zu haben. Und da ist dann auch die Langeweile. Die Tage sind lang für einen Mann, der keine Arbeit hat.

- Die 3. Gruppe von Menschen, die unendlich unter Langeweile leiden, umfaßt auch solche Männer und Frauen, die freiwillig vorzeitig in Rente gegangen sind. Seit Jahren lese ich regelmäßig Berichte von Verantwortlichen aus den Gewerkschaften, die nachdrücklich für den vorgezogenen Ruhestand werben. Gleichzeitig habe ich einen stetigen Strom von Männern und Frauen so um die fünfzig oder sechzig durch meine Praxis schleichen sehen, die alle zutiefst bedauerten, zu früh in Pension gegangen zu sein.

Was die Verfechter des vorzeitigen Ruhestandes sich nicht klarmachen: Selbst wenn eine Arbeit langweilig oder eintönig ist, so hat sie dem Mann oder der Frau doch wenigstens etwas zu bieten. Der einfachste, anspruchsloseste Job liefert nebenbei doch noch ein bißchen Freundschaft, Gemeinschaft, Autorität und Ansehen. Ein Mann mag über seinen Job, seinen Chef, seine Arbeitsbedingungen klagen, aber er hat wenigstens etwas Handfestes, über das er klagen kann. Allzuoft haben Menschen, die sich ohne ausreichende Vorbereitungen zu früh aus dem Arbeitsleben zurückgezogen haben, nicht einmal das.

- Schließlich darf ich bei dem Thema Langeweile die Hausfrau nicht unerwähnt lassen. Mehr als alle anderen Menschen in unserer Gesellschaft ist sie ein modernes Opfer dieser unerwarteten und unterschätzten Art von Streß. Sprechen Sie mit irgendeinem beliebigen Arzt über die Leute, die am häufigsten Benzodiazepine benutzen, und er wird Ihnen mit großer Wahrscheinlichkeit von den Frauen erzählen, die allgemein (und oft auch noch von oben herab) als »Nur-Hausfrauen« bezeichnet werden. Sie langweilen sich häufig zu Tode.

In einem schönen Haus in einer guten Gegend lebend und offenbar glücklich verheiratet und mit intakter Familie, kann die durchschnittliche Hausfrau sich sehr wohl tödlich langweilen, weil ihr Leben so unbarmherzig und ohne Anforderungen ist. Zusätzlich kann sie auch noch Schuldgefühle haben, weil sie so unzufrieden ist. Sie kann Schwierigkeiten haben, einen Job zu finden, aus dem Haus zu kommen, irgendwelche anregenden Gespräche zu führen und auf irgendeine Weise als Mensch Bestätigung zu finden.

Als eine Streß verursachende Kraft wird die Langeweile ausnahmslos unterschätzt. Sie ist jedoch eine der wichtigsten unter diesen 7 Kräften.

Eitelkeit

Warum haben Sie heute morgen soviel Zeit im Badezimmer verbracht? Warum haben Sie sich so sorgfältig überlegt, was Sie anziehen wollen? Warum haben Sie sich so aufgeregt, als Ihr Auto eine kleine Beule am Kotflügel bekam? Und warum haben Sie

diese Tasche gekauft, die Sie sich eigentlich gar nicht leisten konnten, wo doch die billigere ohne einen wohlklingenden Herstellernamen genausogut aussah? Warum ziehen Sie immer frische Wäsche an, wenn Sie zum Arzt gehen? Warum ärgern Sie sich, wenn Sie glauben, daß andere Leute Ihre Intelligenz unterschätzen? Warum sind Sie beleidigt, wenn Sie meinen, jemand sei nur an Ihrem Körper interessiert? Warum schämen Sie sich, daß Ihre Fremdsprachenkenntnisse nicht so gut sind, wie sie sein sollten? Warum lachen Sie über Witze, auch wenn Sie sie gar nicht verstanden haben? Warum nicken Sie immer so weise mit dem Kopf, wenn andere Leute über Physiker, Maler oder Musiker reden, von denen Sie nie etwas gehört haben?
Das ist Eitelkeit.
Warum verliert eine Frau die Fassung, wenn sie auf einer Party feststellt, daß eine andere Frau das gleiche Kleid wie sie trägt? Warum verbringen Frauen soviel Zeit beim Friseur? Warum machen sich so viele Frauen so viele Gedanken über Größe und Form ihres Busens? Warum geben so viele Frauen soviel Geld für Antifalten-Cremes aus?
Das ist Eitelkeit.
Warum verschwenden so viele Männer und Frauen soviel Zeit und Mühe damit, abzunehmen und schlank zu bleiben? Warum gibt es eine Millionen-Industrie, die Diätratschläge, Diätkost, Diät-Zauberpillen und Bücher von Diätexperten verkauft?
Das ist Eitelkeit.
Warum machen sich Männer Sorgen, wenn die Haare anfangen auszufallen? Warum machen sich Männer so viele Gedanken um die Größe ihres Penis? Warum macht es Männern Kummer, wenn sie keine Haare auf der Brust haben? Warum machen sich Männer darüber Gedanken, wie groß ihr Büro ist und ob ihr Sekretariat mit Teppichboden ausgelegt ist oder nicht? Warum wollen Männer immer den Schlüssel zum Waschraum der Topmanager haben? Warum fühlen sich Männer über 40 immer geschmeichelt, wenn junge Mädchen stehen bleiben und mit ihnen reden?
Das ist Eitelkeit.
Bis zu einem gewissen Grad ist Eitelkeit selbstverständlich ein

ganz natürliches Phänomen. Wir alle sind stolz auf unser Aussehen, unsere Intelligenz, unseren Erfolg und unsere Stellung im Beruf.
Aber Eitelkeit ist nicht nur ein natürliches Gefühl. Aus einem einfachen Grund: Es gibt viele Leute, die ein starkes Interesse daran haben, unsere Eitelkeiten zu *fördern*.
Da wären die Schönheitsexperten, die uns erzählen, wie wir aussehen sollten; da sind die Modeschöpfer, die uns sagen, was wir anziehen sollten; da sind die Schönheitschirurgen, die uns ewige Jugend garantieren, die Friseure, die gutes Aussehen und viele Verehrer versprechen, und die Autohersteller, die bewundernde Blicke und neidische Nachbarn verheißen. Und dazu kommt ein endloser Strom von anderen Profis, die alle darauf bedacht sind, unsere Eitelkeit nur noch mehr zu fördern. und die allzeit bereit sind, uns beim Geldausgeben zu helfen, damit wir unsere inneren Bedürfnisse befriedigen und unsere Unsicherheit vertuschen.
Ihre persönliche Eitelkeit ist für einen anderen Menschen das große Geschäft.

Frustration

Der Strom ist ausgefallen. Sie sitzen fröstelnd in Ihrer Küche voll mit modernen Haushaltsgeräten und versuchen mühsam, beim flackernden Schein einer einsamen Kerze die Zeitung von gestern zu lesen. Sie wagen nicht, den Kühlschrank zu öffnen, denn falls der Stromausfall länger dauert, könnten die Lebensmittel in der Wärme verderben. Der Fernsehapparat funktioniert nicht. Radio und Kassettenrecorder natürlich auch nicht. Der Abwasch ist halb fertig, aber der Durchlauferhitzer liefert kein heißes Wasser mehr. Sie können sich auch kein Wasser heiß machen, um sich ein Getränk aufzugießen, denn der Elektroherd ist natürlich auch außer Betrieb. An ein entspannendes heißes Bad ist gar nicht zu denken.
Das ist Frustration.
Sie sitzen in Ihrem neuen Auto und beobachten, wie der Fahrer im Wagen vor Ihnen in der Nase bohrt und an seinen Ohrläppchen spielt. Das beobachten Sie schon seit einer halben Stunde. Der Verkehrsstau, in dem Sie nur ein kleines Teilchen sind,

scheint sich über Kilometer hinzuziehen. Und er scheint kein Ende zu nehmen. Eine fröhliche Stimme im Radio hat Sie gerade informiert, daß Sie wahrscheinlich noch viel Geduld brauchen.
Das ist Frustration.
Sie stehen im strömenden Regen an einer Bushaltestelle, die Arme voll mit Paketen. 4 Busse kommen und fahren ohne Sie weiter. Sie fuhren alle nicht in Ihre Richtung.
Das ist Frustration.
Sie müssen dringend telefonieren. Jede Telefonzelle, in die Sie hineingehen, ist defekt. Die einzigen Telefone, die funktionieren, sind belegt.
Das ist Frustration.
Sie suchen in der Stadt einen Parkplatz. Als Sie endlich einen entdecken, geben Sie mit Freude im Herzen Gas. Und dann sehen Sie, daß dort ein Motorrad abgestellt ist.
Das ist Frustration.
Sie warten am Flughafen von Athen auf ein Flugzeug nach Hause. Sie warten schon seit 3 Stunden und haben kein griechisches Geld mehr. Dann kommt eine Durchsage, daß Ihr Flugzeug Verspätung hat, weil eine Maschine von Turin nach Paris einen Schaden hatte.
Das ist Frustration.
Sie wollen Ihr Haus verkaufen. Sie glauben, der Handel wäre endlich perfekt. Und was noch wichtiger ist, Sie haben Ihr Traumhaus entdeckt, das Sie kaufen möchten. Es ist genau das, was Sie sich immer gewünscht haben, und noch dazu zu einem Preis, den Sie aufbringen können. Alles scheint in Ordnung zu gehen. Und dann, im letzten Augenblick, bricht die ganze sorgfältig konstruierte Kette von Kauf und Verkauf auseinander, weil die Leute, die das bisherige Haus des Käufers Ihres Hauses erwerben wollten, keine Hypothek bekommen.
Das ist Frustration.
Es ist Weihnachten, und jemand hat Ihnen ein Gerät geschenkt, eins, das Sie sich immer schon gewünscht haben, sich aber nie leisten konnten. Sie freuen sich riesig. Und dann entdecken Sie, daß keine Batterien dabei sind. Die Geschäfte sind natürlich geschlossen.

Das ist Frustration.
Man könnte immer so weitermachen und eine endlose Liste von ähnlich frustrierenden Ereignissen aufstellen. Tatsache ist, daß unser Leben so umfassend und kompliziert geworden ist und daß wir so sehr voneinander abhängig sind, daß kaum ein Tag vergeht, an dem wir nicht ernstlich auf die eine oder andere Weise Ärgernissen ausgesetzt sind. Eine vorübergehende Betriebsstörung auf der anderen Seite der Welt kann in Tausenden von Kilometern Entfernung großen Schaden anrichten. Ein Streik einer kleinen Gruppe von Arbeitern kann bei Tausenden oder gar Millionen anderer, die anscheinend damit gar nichts zu tun haben, Frustrationen auslösen.
Je komplexer unser Leben wird, desto abhängiger werden wir von anderen Menschen, desto höher sind unsere Ausrüstungen entwickelt, auf die wir uns verlassen müssen – und desto katastrophaler werden die Frustrationen.

Ehrgeiz
Der Leistungsdruck setzt immer früher ein. Stellen Sie sich mittags einmal vor eine Grundschule, und Sie sehen einen stetigen Strom von Kindern mit ihren bis an den Rand mit Büchern und Heften vollgepackten Taschen und Ranzen herauskommen.
Folgen Sie denselben Kindern nachmittags auf den Sportplatz, und Sie werden sehen, wie sie von den Trainern mit lauten Worten zu Leistung angetrieben werden. Es reicht längst nicht mehr aus, einfach miteinander im Wettbewerb zu stehen oder ein Spiel zu spielen. Wichtig ist das Gewinnen. Und es ist lebenswichtig, dieses brennende Verlangen, Erfolg zu haben, der Erste, der Beste und der Tollste zu sein, in sich zu spüren.
Shakespeare hat geschrieben, daß einige Menschen groß geboren werden, andere erwerben Größe, und wieder anderen wird die Größe aufgezwungen. Heute kann man dasselbe über den Ehrgeiz sagen: Einige Menschen werden ehrgeizig geboren, andere erwerben Ehrgeiz, und wieder anderen wird der Ehrgeiz aufgezwungen.
Heute ist der Erfolg etwas, wovon niemand abfällig denken mag. Nur die wirklich Erfolgreichen können so tun, als brauchten sie

keine Notiz zu nehmen von der Notwendigkeit, ihren Ehrgeiz mit roher Aggression und rücksichtsloser Entschlossenheit anzuheizen. Wenn Sie mit Ehrgeiz auf die Welt gekommen sind, werden Ihre Energie und Ihr Feuer bei anderen Menschen Respekt und Bewunderung hervorrufen. Wenn Sie ohne Ehrgeiz geboren wurden, wird man Sie ermuntern, welchen zu entwickeln. Die gesellschaftlichen, wirtschaftlichen und materiellen Vorteile, die die Verwirklichung ehrgeiziger Pläne bringt, werden endlos in allen Einzelheiten dargestellt. Und wenn Sie ohne Ehrgeiz geboren wurden und auch keinen entwickeln, entkommen Sie trotzdem nicht. Im Laufe der Jahre wird er ihnen förmlich aufgezwungen, wenn Sie nämlich nach und nach lernen, daß Ehrgeiz der einzige Balsam für die Wunden ist, die Neid und Habsucht geschlagen haben.

Es ist der Ehrgeiz, der den begabten Schüler im Teenageralter so weit treibt, daß ein geistiger Zusammenbruch unausweichlich ist. Es ist der Ehrgeiz, der Eltern dazu bringt, ihrem Sechsjährigen einen Tennisschläger in die Hand zu drücken und dabeizustehen, wenn er 4, 5 oder 6 Stunden täglich trainiert. Es ist der Ehrgeiz, der einen Mann oder eine Frau dazu treibt, jeden Tag 12 Stunden im Büro zu bleiben und sich dann mit einem Aktenkoffer voller Arbeit auf den Heimweg zu machen. Es ist der Ehrgeiz, der einen Möchtegernschriftsteller dazu verführt, sich nach einem schweren Arbeitstag körperlich und geistig erschöpft am Küchentisch an die Schreibmaschine zu setzen und zu versuchen, einen Bestsellerroman zu produzieren.

Es ist der Ehrgeiz, der einen Mann dazu bringt, Haus und Auto zu verkaufen, um mit dem Geld bei einem geschäftlichen Abenteuer zu spekulieren, das ihn um Kopf und Kragen bringen kann. Es ist der Ehrgeiz, der einen Menschen dazu verführt, an sich selbst hart, unnachgiebig und zielstrebig so hohe Anforderungen zu stellen, daß er zu einem verbrauchten, leblosen, grauen Schatten seines früheren Selbst wird.

Ehrgeiz steckt dahinter, wenn Sie mit Ihrem zuverlässigen, 4 Jahre alten Wagen, Ihrer abgenutzten, aber funktionierenden Waschmaschine, Ihrem nützlichen, aber abgetretenen Treppenläufer und Ihren fröhlichen Ferien im Wohnwagen am Meer unzufrieden werden. Es ist der Ehrgeiz, der Tausenden von Frauen den Mut gibt, sich mit unerwünschten Annäherungsversuchen und sexuellen Belästigungen ihrer Chefs abzufinden. Es ist der Ehrgeiz, der Männer und Frauen dazu treibt, einen Arbeitsplatz, der ihnen Spaß macht, aufzugeben und einen anderen, den sie eigentlich gar nicht wollen, anzunehmen – nur weil die Bezahlung besser ist und sie außerdem mehr Macht bekommen.

Es ist der Ehrgeiz, der aus netten, freundlichen, friedlichen Menschen unverschämte, aggressive, fordernde Zeitgenossen macht.

Wir wurden einst von Hunger getrieben. Hunger war das vorherrschende Gefühl in einer Welt, in der es wenig Nahrungsvorräte gab und Leben einfach eine Frage des Überlebens war. Heute haben wir gelernt, verfeinerten Geschmack und verfeinerte Wünsche zu pflegen. Ermutigt von der Werbung (die sich Mühe gibt, uns zum Kauf größerer und schönerer Dinge zu überreden), von den Politikern (die sich immer Mühe geben, uns wissen zu lassen, daß es uns noch besser gehen könnte), von den schicken Männern und Frauen in den Medien (die immer auf der Suche nach neuen Moden, neuen Trends und neuen Ideen sind), haben wir es gelernt, uns einen unersättlichen Ehrgeiz zuzulegen, der nach Höherem und Besserem strebt.

Es ist die Unersättlichkeit unseres Ehrgeizes, die soviel Druck und Schmerzen verursacht. Es gibt kein Ende, keine Lösung, keine Antwort und keine Heilung für unseren Ehrgeiz. Das Suchen und Streben muß endlos weitergehen.

Angst

Der Steinzeitmensch hatte es gut, jedenfalls was die Angst anging. Sicher, er mußte sich Sorgen machen wegen der wilden Tiere, die hinter ihm her waren, und er mußte fürchten, daß er nicht genug zu essen bekam. Aber viel mehr war da nicht. Es mag hin und wieder Probleme mit ein paar anderen Steinzeitmenschen gegeben haben. Aber keines der Probleme war übermäßig kompliziert. Und es gab auch keine Probleme, die nicht zu lösen gewesen wären.

Heute haben wir viel, viel mehr, über das wir uns Sorgen machen müssen.

Nehmen Sie beispielsweise die Gesundheit. Es gibt Millionen von Möglichkeiten, sich um die Gesundheit zu sorgen. Hören Sie sich die Fachleute an, die darüber streiten, was gut – oder schlecht – für Sie ist, und schon bald werden Sie den stechenden Schmerz der Angst spüren, die an Ihrer Seele nagt. Fett ist gut für Sie, sagen die einen. Nein, Fett ist schlecht für Sie, sagen die anderen. Sie müssen mehr Sport treiben. Aber treiben Sie nicht zuviel Sport. Rauchen Sie nicht. Trinken Sie nicht. Langweilen Sie sich nicht. Tun Sie etwas. Aber tun Sie nicht zuviel. Trinken Sie nicht zuviel Tee oder Kaffee. Und nehmen Sie überhaupt keinen Zucker zu sich. Essen Sie viel frisches Gemüse. Und Kleie. Und Obst. Aber keine Bananen. Prüfen Sie regelmäßig den Blutdruck. Aber seien Sie nicht gesundheitsbesessen. Das wäre auch schlecht für Sie. Lassen Sie sich mindestens alle 6 Monate röntgen. Aber nehmen Sie sich vor den Strahlen in acht. Vertrauen Sie Ihrem Arzt. Aber nehmen Sie die Tabletten nicht, die er Ihnen verschreibt.

Wenn Sie sich krank fühlen, gehen Sie zu einem Akupunkteur. Oder zu einem Kräuterkenner. Oder zu einem Homöopathen. Oder zu einem Heilpraktiker. Oder zu einem Osteopathen. Oder zu einem Apotheker. Oder zu Ihrer Mutter. Oder zu Ihrem Hausarzt. Oder zu irgendeinem anderen Arzt. Oder zu einem Geistheiler. Oder zu einem Psychotherapeuten. Oder zu einem Fußpfleger.

Kaufen Sie sich eine Packung Aspirin. Oder ein Eisenpräparat. Oder Vitamintabletten. Oder Vitamin-E-Creme. Proteinpillen vielleicht. Oder Knoblauch. Oder mehr Ginseng. Oder Kohl. Oder Spinat. Oder ein Abführmittel.

Und so geht das immer weiter. Stellen Sie den Fernsehapparat an, und Sie sehen einen Experten, der Ihnen erzählt, was gut für Sie ist. Und was Sie umbringt. Schalten Sie auf einen anderen Kanal um, und Sie sehen einen anderen Experten, der Ihnen genau das Gegenteil erzählt. Mit der gleichen Überzeugung. Schalten Sie das Radio ein, und Sie hören jemanden, der Versprechen und Drohungen von sich gibt, die nie Wirklichkeit werden können. Schlagen Sie eine Zeitschrift auf, und Sie finden noch mehr Ratschläge. Sehen Sie in die Tageszeitung, und Sie lesen Einzelheiten über phantastische bahnbrechende Entdeckungen und erschreckende neue Gefahren. Es überrascht kaum, daß wir alle zu geistesgestörten Hypochondern werden, die voller Verzweiflung in ihre gesundheitliche Zukunft blicken.

Nicht, daß die Gesundheit das einzige wäre, worum wir Angst haben müßten.

Da ist die Inflation.
Und die atomare Bedrohung.
Und die politische Lage im Nahen Osten.
Und der Tomatenpreis.
Und das schmelzende Polareis.
Und das Problem der Apartheid.
Und der Rindfleischpreis.
Und das Problem der Gewalt in den Städten.
Und der Brotpreis.
Und der Zustand der Ionosphäre.
Und das verschmutzte Meer.
Und die politische Lage in China.
Und der Milchpreis.
Und die Energiekrise.
Und das Abbröckeln der Küste.
Und der Benzinpreis.
Und die Zahl der Flugzeugentführungen.
Und die Krise in Polen.
Und die steigende Zahl der Arbeitslosen.
Und die Gewalt in den Wohnsilos der Vorstädte.
Und der Kaffeepreis.

Angst gehört für die meisten von uns zum Leben. Wir werden ermuntert, uns Sorgen zu machen; und damit wir verunsichert, ängstlich und nervös bleiben, werden wir jeden Tag mit neuen Themen beliefert.

Lust

Lust ist eine grundlegende menschliche Emotion. Nur wenige unserer Vorfahren konnten für sich in Anspruch nehmen, gegen die Gruppe der einfachen Sehnsüchte immun geblieben zu sein, die wir als Lust zusammenfassen.

Aber auch die Lust ist von modernen Einflüssen nicht unberührt geblieben. Sie ist heute ein weit unheilvolleres und mächtigeres Gefühl als zu der Zeit, als sie ihren Platz unter den 7 Todsünden zugewiesen bekam.

Heute werden wir von außerordentlich unterschiedlichen Kräften dazu ermuntert, unseren primitiven Instinkten zu folgen. Da ist beispielsweise der Druck, der von den zahlreichen kommerziellen Unternehmen aus finanziellen Gründen ausgeübt wird; sie wollen unsere Aufmerksamkeit auf die Gefühle der Lust und des Begehrens richten; und ohne diese Unternehmen wären diese Gefühle vielleicht unbemerkt geblieben.

Da sind zunächst einmal natürlich die eher primitiven Unternehmer, die Hochglanzmagazine produzieren, vermarkten und verkaufen; Magazine mit Nacktfotos von Männern, Frauen oder beiden, je nachdem, welcher Markt angepeilt wird. Da sind die Besitzer bestimmter Nachtclubs, die Produzenten und Regisseure von Pornofilmen, die Lieferanten von Vibratoren, Reizwäsche, Massageölen, durchsichtigen schwarzen Negligés und anderen prickelnden Sachen.

Der Einfluß dieser kommerziellen Unternehmen hält sich jedoch in Grenzen. Ihre Verkaufszahlen sind verhältnismäßig niedrig, ihre Umsätze nicht nennenswert, und ihre Kundenzahl dürfte – nach Millionen gemessen – einstellig sein.

Es sind die subtileren Verkäufer, die mächtiger und wirkungsvoller sind. Die gigantischen internationalen Industrien, die Sex einsetzen, um ihre Autos, Waschmaschinen, Seifenpulver, Deosprays, Jeans, Schuhe, Parfüms, Haarfärbemittel, Romanheftchen, Ferienhäuser, Tageszeitungen, Feuchtigkeitscremes, Sonnenöle, Nagellacke, Sportkleidung, Gepäckstücke, Kopftücher, Motorräder, Segelboote, Zigaretten, Weine, Schnäpse, Säfte, Kekse, Schokolade, Strümpfe, Hemden, Blusen, Puder, Hotelbetten, Langspielplatten, Aktentaschen, Lippenstifte und . . . und . . . und . . . zu verkaufen.

Die Werbesprüche sind geschickt, die Fotos geschmackvoll, die Models wirken irgendwie sittsam, aber doch erfahren, die Umgebung ist exotisch, die Umstände sind erotisch, und die Anspielungen sind unmißverständlich. Kaufen Sie dieses Produkt, und Ihr

Leben wird bereichert, behaupten die Werbeleute. Machen Sie ohne dieses Produkt weiter, und Sie bleiben zweitklassig; das Leben wird an Ihnen vorübergehen.
Neben diesen Versprechen und Drohungen gibt es jedoch noch andere, wichtigere Andeutungen. Denn immer wird unterschwellig davon ausgegangen, daß Sie durch die sexuellen Anspielungen und Hinweise in diesen Werbesprüchen beeinflußt werden. Es wird suggeriert, daß Sie, wenn Sie nicht ständig an Sex denken und nicht allzeit bereit sind, auf das leiseste Angebot einer Verheißung zu reagieren, behindert, unzulänglich oder – schlimmer noch – unsensibel sein müssen.
Bevor die internationalen Multikonzerne damit anfingen, Sex für den Verkauf ihrer Produkte einzusetzen, war Lust einfach eine Sünde. Sie war für die meisten Menschen nicht wichtiger als Neid oder Faulheit. Sie war etwas, wovon jedermann wußte, daß es sie gab; etwas, womit die meisten Leute zu leben gelernt hatten, und etwas, das erlaubt war, wenn man samstags abends ausging.
Mit der Lippenstift-Sportwagen-Zigarette-Getränk-Revolution in der Werbung hat sich das alles geändert. Die Werbeleute erzählten uns, daß wir immer an Sex denken sollten. Sie bestanden darauf, daß wir uns immer unserer natürlichen sexuellen Wünsche bewußt sein sollten. Sie brachten uns bei, daß wir uns auch der Wünsche und Neigungen der Menschen in unserer Umgebung bewußt sein sollten. Und am wichtigsten von allem: Sie brachten uns zu der Einsicht, daß etwas auf traurige Weise verkehrt mit uns sein mußte, wenn wir nicht den Tag damit verbrachten, Mittel und Wege zu ersinnen, mit denen wir unsere Nachbarn verführen konnten.
Lust war früher einmal ein freiwilliges Extra.
Die internationalen Multikonzerne haben das verändert. Sie machten Lust zur Notwendigkeit. So haben heute viele Leute das Gefühl, daß sie dauernd Sex im Kopf haben müssen, wenn sie wie alle anderen fühlen und handeln wollen. Und sie meinen, wenn sie nicht ununterbrochen an pralle Pobacken, wippende Brüste und ein Anschwellen in der Leistengegend denken, seien sie schrecklich unzulänglich.

Folgen

Die Leute kommen im allgemeinen natürlich nicht in die Sprechstunde des Arztes, um über eine der 7 tödlichen Kräfte zu klagen. Erst wenn die körperlichen und geistig-seelischen Beschwerden auftreten, suchen die meisten Menschen Hilfe.
Es ist nicht möglich, eine vollständige Liste der Symptome aufzustellen, die durch Streß hervorgerufen werden, aber ich habe hier die häufigsten Probleme genannt, die dann entstehen, wenn die Streßschwelle eines Menschen überschritten wird.
Zu den körperlichen Beschwerden gehören:

Allergien
Appetitlosigkeit
Arthritis
Asthma
Atembeschwerden
Bettnässen
Blasenkatarrh
Bluthochdruck
Darmkatarrh
Durchfall
Ekzeme
Erbrechen
Fettleibigkeit
Geschwüre
Haarausfall
Hautentzündung
Herzbeschwerden
Herzklopfen
Heuschnupfen
Husten
Impotenz
Jucken
Menstruationsbeschwerden
Migräne
Ohnmachtsanfälle
Rückenschmerzen

Schwindelanfälle
Sodbrennen
Übelkeit
Verdauungsprobleme
Verstopfung
Zittern
Zwölffingerdarmgeschwüre

Zu den psychischen Beschwerden gehören:

Alpträume
Angstzustände
Depressionen
Furcht
Gedächtnisschwäche
Hysterie
Nervenzusammenbrüche
Persönlichkeitsveränderungen
Phobien
Reizbarkeit
Schlaflosigkeit
Spannungen
Stottern
Wahnvorstellungen
Weinkrämpfe

Die Ärzte können damit einfach nicht umgehen

Gehen Sie mit irgendeinem der in den beiden Listen erwähnten Symptome zum Arzt, und Sie haben gute Aussichten, mit einem Rezept für Valium oder eines der anderen Benzodiazepine nach Hause zu gehen.

Der Grund dafür ist bemerkenswert einfach: Die Ärzte wissen einfach nicht, wie sie anders damit fertigwerden sollen.

Vor dem Zweiten Weltkrieg kümmerten sich die Ärzte vorwiegend um rein körperliche Probleme. Sie befaßten sich mit Schmerzen und Blutungen, Atemnot und Infektionen, und sie behandelten so eindeutig erkennbare Probleme wie Herzerkrankun-

gen, Lungenentzündung und Knochenbrüche. Die ärztliche Ausbildung war auf diese Art von Beschwerden ausgelegt.
Erst in den fünfziger und sechziger Jahren änderten sich die Probleme, die in Arztpraxen zur Sprache kamen, und die Ärzte merkten, daß Streß und Ängste einen tiefgreifenden Einfluß auf die Entwicklung scheinbar simpler körperlicher Gebrechen haben können.
Der Druck und die Belastungen im Leben der Nachkriegsjahre hatten die gesamte Medizin verändert, und plötzlich stellten die Ärzte fest, daß man von ihnen die Auseinandersetzung mit geistigen und psychologischen Problemen erwartete. Sie hatten Patienten vor sich, die ängstlich, deprimiert, reizbar, verstört und oft einfach unglücklich waren. Sie standen vor der Aufgabe, Probleme wie Schlaflosigkeit und allgemeine Nervosität zu behandeln. Noch wichtiger als das war jedoch, daß man ihnen sagte, sie sollten nach körperlichen Hinweisen auf seelisch-geistige Erkrankungen suchen. Plötzlich war allgemein bekannt, daß eine ganze Reihe von scheinbar einfachen körperlichen Beschwerden in Wirklichkeit durch Streß verursacht oder verschlimmert wurde. Und das neue medizinische Dilemma wurde durch verschiedene andere Veränderungen noch größer.
Erstens war da die Tatsache, daß in den Nachkriegsjahren die Familien auseinanderzogen. Es wurde wieder gebaut, neue Städte entstanden, und statt mal eben nebenan vorbeizuschauen und um Rat zu fragen, fanden sich junge Paare (vor allem junge Frauen) Hunderte von Kilometern entfernt von der stützenden und helfenden Familie wieder. Das Ergebnis war, daß immer mehr Leute anfingen, professionelle Hilfe zu suchen und sich weit mehr als je zuvor auf ihren Arzt zu verlassen.
Der 2. Faktor, der einen ungeheuren Einfluß hatte auf die Anforderungen, die an die Ärzte gestellt wurden, war eine veränderte Einstellung: Millionen von Männern und Frauen betrachteten seelisch-geistige Probleme (und die damit verbundenen körperlichen Beschwerden) nicht mehr als etwas, das man ertragen mußte, sondern als etwas, das behandelt werden konnte. Ermutigt und angeregt von übereifrigen Ärzten, Psychiatern und Psychologen, erschienen in Zeitungen und Zeitschriften reihenweise Arti-

kel, in denen den Lesern erzählt wurde, daß Ängste behandelt werden konnten, daß die Menschen sich nicht mit Depressionen abfinden mußten und daß die Beschwerden der geistigen Erschöpfung, die in der Vergangenheit einfach als ein Teil des Lebens angesehen wurden, geheilt werden konnten. Millionen von Menschen wurde eingeredet, daß sie niemals etwas ertragen müßten, was auch nur entfernt an Unglücklichsein erinnerte. Millionen glaubten ehrlich, daß sie ein Recht auf ein Leben ohne Ängste hätten. Die Beziehung zwischen Streß und Erkrankung wurde Allgemeinwissen. Und die Wirkung auf die Medizin war ungeheuer.

In Wahrheit waren die Ärzte jedoch weder darauf vorbereitet noch dazu in der Lage, mit der plötzlichen Nachfrage nach Hilfe bei psychiatrischen Problemen und streßbedingten Krankheiten fertig zu werden.

Sie waren auf solche Anforderungen nicht vorbereitet, weil die meisten an Hochschulen ausgebildet worden waren, an denen die Psychiatrie noch als eine Art Merkwürdigkeit angesehen wurde und an denen die Zeit für das Studium psychiatrischer Probleme weit geringer veranschlagt wurde als der Zeitaufwand für das Studium seltener Tropenkrankheiten. Medizinische Fakultäten tun sich immer schwer, den Schwerpunkt des Lehrens neuen Bedingungen anzupassen oder zu verändern, und bis vor kurzem wurde die Psychiatrie noch immer als Randgebiet behandelt.

Der andere Grund, warum die Ärzte mit all dem nicht fertig wurden, war erschreckend einfach. Obwohl viele Programme und Veröffentlichungen den Eindruck vermittelt hatten, daß bei der Diagnose und Behandlung von psychiatrischen Problemen im Zusammenhang mit streßbedingten Erkrankungen große Fortschritte gemacht worden waren, war (und ist) Tatsache, daß Psychiater und Neurophysiologen noch immer sehr wenig darüber wissen, wie das Gehirn funktioniert; sie wissen kaum etwas darüber, was passiert, wenn etwas in Unordnung gerät; und sie wissen so gut wie nichts davon, was zu tun ist, wenn Symptome geistiger Erkrankungen auftreten.

Wenn Sie diese Behauptung für übertrieben halten, dann blättern Sie doch einmal zwei beliebige, vor kurzem erschienene psychiatrische Fachbücher durch; oder werfen Sie mal einen Blick in verschiedene medizinische Fachzeitschriften der letzten Monate. Sie werden schnell erkennen, daß die Psychiatrie ein medizinischer Bereich ist, in dem es buchstäblich nie Übereinstimmung unter den Fachleuten gibt.

Einige Psychiater glauben immer noch, daß die Gehirnchirurgie die Antwort auf viele Geisteskrankheiten ist. Andere argumentieren, das Herausschneiden von kleinen Gehirnteilchen sei so, als risse man Teilchen aus einem Fernsehapparat, wenn das Bild unscharf ist. Manche Psychiater glauben an den Sinn der Elektroschocktherapie. Andere behaupten, diese Behandlung sei barbarisch. Manche Psychiater behaupten, daß schwerkranke Patienten in die geschlossene Abteilung gehören. Andere sagen, sie sollten sich frei in der Gemeinschaft mit Gesunden bewegen können.

Also, in den fünfziger Jahren standen die Ärzte plötzlich vor einer neuen Epidemie, mit der sie nicht fertig wurden; sie sahen, daß ihre Wartezimmer voll waren mit Patienten, die vermutlich genausoviel wie sie selbst über die Zusammenhänge zwischen Streß und Erkrankung wußten.

Die Antwort auf ihre Gebete kam mit der Entdeckung einer neuen Gruppe von Medikamenten, genannt Benzodiazepine.

Im nächsten Kapitel beschreibe ich, wie diese Medikamente auf den Markt kamen.

Aussichten und Versprechen – Das Erscheinen von Valium

Ein Medikament wird geboren

Jeder größere internationale Arzneimittelhersteller, der einen einträglichen Anteilsbrocken auf dem Markt der verschreibungspflichtigen Medikamente bekommen und behalten will, muß viel Zeit und Geld in die Forschung investieren. Millionenschwere Firmen können nicht einfach dasitzen und warten, bis gute Ideen von den Bäumen fallen; sie haben alle umfangreiche, gut organisierte Forschungsabteilungen, in denen qualifizierte Wissenschaftler ständig nach neuen Produkten suchen. Die Wissenschaftler teilen alle eine Hoffnung: daß das Medikament, das sie demnächst entdecken werden, ein revolutionäres Produkt sein wird, das die Welt rettet, die Firma reich macht und ihnen Ruhm einbringt. Obwohl die Suche nach neuen Medikamenten im allgemeinen eine mühevolle, unromantische Angelegenheit ist, ist die Entdekkung eines neuen Produkts doch zu einem großen Teil auch immer von Glück und günstigen Umständen abhängig. Die Wissenschaftler gehen mit Routine vor und treiben den Forschungsprozeß methodisch voran, und alle Beteiligten wissen nur zu gut, daß, wenn ein neues, bemerkenswertes Medikament gefunden wird, zu der Geschichte der Entdeckung und Entwicklung dieses Mittels mehr gehört als nur ein Hauch von Phantasie, Spürsinn oder schlichtem Glück.

Die Entwicklungsgeschichte der Benzodiazepine macht da keine Ausnahme. Wie von Professor Irvin M. Cohen in einem Artikel über die Benzodiazepine (erschienen in *Discoveries in Biological Psychiatry,* Lippincott, 1970) beschrieben, reicht die Geschichte von Valium schon in die dreißiger Jahre zurück. Damals arbeitete Dr. Leo H. Sternbach als Assistent in der Forschung an der polnischen Universität Krakau.

Dr. Sternbach war damals mit einer theoretischen Studie über die Benzophenone und Benzo-heptoxdiazine befaßt. Das waren keine neuen Substanzen; sie waren am Ende des 19. Jahrhunderts entdeckt worden, und ihre Struktur war Mitte der zwanziger Jahre ziemlich klar definiert.

Obwohl die Geschichte dort in Polen beginnt, klafft eine große zeitliche Lücke, bis etwas Entscheidendes geschah. Nachdem er in den dreißiger Jahren mit diesen Substanzen gearbeitet hatte, beschäftigte sich Dr. Sternbach nicht mehr viel mit ihnen. Erst 1954, als er in den Vereinigten Staaten in den Labors von Hoffmann La Roche in New Jersey arbeitete, nahm er sie sich wieder vor, angeregt von dem riesigen kommerziellen Erfolg der frühen Beruhigungsmittel, wie Phenothiazin-Derivate und Meprobamat. Dieses Mal ging er mit der Hoffnung an die Arbeit, daß sich herausstellen würde, daß die Substanzen irgendeine pharmakologische Wirkung auf das Gehirn haben könnten.

Die Wahl der Benzophenone und Benzo-heptoxdiazine war kein purer Zufall. Wenn er chemische Substanzen untersucht, in der Hoffnung, daß sie nützliche Eigenschaften haben könnten, versucht der Chemiker in der Forschung im allgemeinen mit Stoffen zu arbeiten, an die verhältnismäßig leicht heranzukommen ist, die sich ziemlich einfach in neue Substanzen umwandeln lassen und die im Labor in größeren Mengen hergestellt werden können. Die Benzo-heptoxdiazine erfüllten alle diese Bedingungen.

Nachdem er etwa 40 neue Substanzen hergestellt hatte, war Dr. Sternbach drauf und dran, die Arbeit mit dieser speziellen Gruppe wieder aufzugeben. Nicht eine der hergestellten Substanzen zeigte irgendeine pharmakologische Wirkung. Sternbach war so ernüchtert und enttäuscht, weil er nichts Aufregendes entdeckt hatte, daß er das Ergebnis seines letzten Experiments – es war mit *Ro5-0690* gekennzeichnet – beiseite stellte und sich anderen Forschungsprojekten zuwandte.

Es folgte eine Lücke von 18 Monaten, bevor wieder etwas passierte. Als das Labor einem Frühjahrsputz unterzogen wurde, schlug ein Chemiker, der mit Dr. Sternbach zusammenarbeitete, vor, dieses Ro5-0690 richtig zu testen. Es wurde ordnungsgemäß an La Roches pharmakologischen Forschungsleiter geschickt, und 2 Monate später, im Juli 1957, kam ein Bericht heraus, der die Substanz als einschläfernd, beruhigend und muskelentspannend beschrieb. Im März 1958 war die Struktur dieses neuen, bemerkenswerten und vielversprechenden Präparats als *1,4-Benzodiazepin* identifiziert. Es stellte sich als eine vollkommen neue chemische Substanz heraus.

Von da an wurde das neue Produkt zum Gegenstand intensiver Forschung.

Die Aufregung wuchs, als man entdeckte, daß dieses neue Präparat so wirkungsvoll war, daß es sogar wilde Tiere zähmen konnte. Die anfängliche Euphorie wurde dann vorübergehend durch Enttäuschung gedämpft, als sich herausstellte, daß das Medikament bei älteren Menschen unangenehme Nebenwirkungen hatte. Für eine Weile wurde das 1,4-Benzodiazepin fast vergessen als ein ziemlich durchschnittliches und kommerziell unergiebiges Beruhigungsmittel.

2 Monate später beschloß La Roche jedoch, weitere Versuche mit der neuen Substanz zu machen. Einer der Ärzte, die gebeten wurden, das neue Medikament zu testen, war Dr. Irvin M. Cohen in Galveston. Er fand schnell heraus, daß Ro5-0690 wirkungsvoll zur Kontrolle von Spannungen und Ängsten eingesetzt werden konnte und daß dabei verhältnismäßig wenig Nebenwirkungen auftraten. Die anderen Forscher, die das Produkt testeten, waren Dr. Titus Harris von der Medizinischen Fakultät der Universität von Texas in Galveston und Dr. James R. Sussex, damals an der Medizinischen Fakultät der Universität Alabama in Birmingham; sie entdeckten auch, daß *Chlordiazepoxid* – wie die neue Substanz benannt worden war – sehr vielversprechend war.

Bei einer Tagung an der Medizinischen Fakultät der Universität von Texas in Galveston im November 1959 wurden die Eigenschaften des Medikaments beschrieben: muskelentspannend, entkrampfend und für die Behandlung von Angstzuständen geeignet.

Am 24. Februar 1960 erkannte die zuständige Behörde, die *American Food and Drug Administration,* das Medikament an. Am 12. März erschien im *Journal of the Medical Association* der 1. Artikel über das Medikament. Etwas später im selben Monat wurde Chlordiazepoxid an die Ärzteschaft weitergeleitet.
Es wurde als *Librium* bekannt.

Wie wirken die Benzodiazepine?

Zwar zeigten die ersten klinischen Erprobungen mit Chlordiazepoxid ziemlich deutlich, *daß* das Medikament bei Menschen wirkte, aber als es auf den Markt kam, wußte keiner wirklich genau, *wie* es funktionierte und *welche* Wirkungen es auf den Menschen hatte. Die Forschungsprogramme, in denen das neue Medikament getestet wurde, hatten gezeigt, daß die Benzodiazepine Ängste und Muskelspannungen linderten, aber die Studien hatten keinen genauen Aufschluß darüber gegeben, auf welche Weise das erreicht wird.
Seither wurden viele Bücher und Forschungsarbeiten über die möglichen Wirkungsweisen der Benzodiazepine geschrieben. Wir wissen immer noch nicht genau, was passiert, wenn das Medikament vom Körper absorbiert wird, oder welche Langzeitwirkungen es haben kann, aber wir wissen ein bißchen über einige seiner Wirkungsweisen.
Erstens wissen wir beispielsweise, daß die Benzodiazepine vom menschlichen Körper gut absorbiert werden. Sie können eingenommen, als Zäpfchen verabreicht oder injiziert werden. Ihre gute Fettlöslichkeit bedeutet, daß sie sich mit bemerkenswerter Leichtigkeit durch den Körper bewegen können – also auch ziemlich leicht in die Gewebe des Gehirns gelangen.
Was passiert, wenn sie dann ins Gehirn kommen, ist noch ein ziemlich großes Geheimnis. Es ist seit einiger Zeit bekannt, daß die Benzodiazepine den Rhythmus der elektrischen Aktivität im Gehirn verändern, und man hat herausgefunden, daß sie eine starke Wirkung auf eine Reihe von natürlich vorkommenden Substanzen haben. Beispielsweise verändert sich die Menge an

Noradrenalin im Gehirn, wenn jemand Benzodiazepine einnimmt. Es stellt sich auch eine Auswirkung auf die Mengen von Dopamin, Serotonin und der zentralen Monoamine im Gehirn ein, und man vermutete eine Zeitlang, daß die Benzodiazepine durch die Veränderungen der Mengen dieser vorhandenen Substanzen Einfluß auf die Stimmung eines Menschen haben.
Übermittler, die Botschaften von einem Teil des Gehirns zum anderen transportieren, werden ebenso beeinflußt, und es ist bewiesen, daß die Benzodiazepine einen Einfluß auf eine Substanz mit der Bezeichnung Gamma-Aminobuttersäure haben, die in großen Teilen des menschlichen Zentralnervensystems vorkommt und von der man annimmt, daß sie ein lebenswichtiges Bindeglied im System ist und dazu dient, Botschaften im Gehirn zu transportieren. Es gibt auch Beweise dafür, daß die Benzodiazepine einen Einfluß auf die Glyzin-Neuronen haben, die auch eine Rolle bei der Impulsübermittlung im Gehirn spielen.
Unter allen Hinweisen auf die Wirkung der Benzodiazepine ist zweifellos dieser der aufregendste: Es hat sich gezeigt, daß es im Gehirn spezielle Rezeptoren gibt, die so aufgebaut sind, daß sie nur auf Medikamente der Benzodiazepingruppe reagieren können. Wenn sich dieses Forschungsergebnis als richtig herausstellt, dann bedeutet das, daß jeder Mensch über eine natürliche Substanz verfügt, die dem Valium ähnlich ist.

Was bewirken die Benzodiazepine?

Seit sie Anfang der sechziger Jahre in die medizinischen Behandlungsmethoden aufgenommen wurden, weiß man, daß die Benzodiazepine 4 sehr wichtige Wirkungen haben.

- Erstens, und das ist vielleicht am wichtigsten, mildern sie Angstzustände.
- Zweitens haben sie eine beruhigende Wirkung und machen Menschen müde. Ob sie Müdigkeit verursachen, indem sie Ruhelosigkeit, Reizbarkeit und Ängste dämpfen, oder ob sie selbst einschläfernde Eigenschaften haben, gehört noch immer zu den Dingen, über die die Forscher nachgrübeln.

- Drittens haben einige Benzodiazepine (besonders Diazepam) krampflösende Wirkung und werden bei Erkrankungen wie Epilepsie eingesetzt. Es besteht immer noch Uneinigkeit darüber, ob die Benzodiazepine Krämpfe lösen, weil sie eine spezielle Wirkung auf Teile des Gehirns haben, oder ob das einfach nur eine Nebenwirkung ihrer beruhigenden, Angst lindernden Eigenschaften ist.
- Schließlich weiß man, daß Benzodiazepine verkrampfte, harte Muskeln entspannen können. Sie wurden bei der Behandlung von Muskelverspannungen in verschiedenen Krankheitsstadien eingesetzt – manchmal mit großem Erfolg.

Wie geht Ihr Körper damit um?

Wenn sie erst einmal ein paar Stunden im Körper sind, werden die Benzodiazepine – wie die meisten Medikamente – in andere Substanzen aufgespalten. Eine der Substanzen, die am häufigsten auf diese Weise hergestellt wird, heißt Desmethyldiazepam – ein chemischer Stoff, von dem man weiß, daß er etwa 100 Stunden im Körper weiterwirkt.

Weil die Substanzen, die bei der Zerstörung von Benzodiazepinen entstehen, so lange überleben und über so lange Zeit wirken können, kann die Medikamentmenge im Körper ständig steigen, wenn Benzodiazepine über viele Tage oder Wochen eingenommen werden.

Wenn Sie beispielsweise an einem Montag eine Benzodiazepintablette einnehmen, dann ist eben diese Tablette in Ihrem Blut. Wenn Sie dann am Dienstag eine 2. Tablette nehmen, dann haben Sie die Spaltprodukte der Montagstablette noch zusätzlich zur 2. Pille im Blut.

Nehmen Sie am Mittwoch noch eine Tablette, dann ist die Konzentration des Medikaments im Blut noch höher. Da sind dann die Reste vom Montag, die Reste vom Dienstag und die neue Tablette vom Mittwoch, die auf Ihren Körper und auf Ihr Gehirn wirken.

Und so geht das immer weiter. Am Freitag haben Sie schließlich die Reste von Montag, Dienstag, Mittwoch und Donnerstag im Blutkreislauf.

Die Familie wird größer

Schon bevor Librium in die Apotheken, Arztpraxen und die ersten Patientenmägen Einzug hielt, wurde in den Forschungslabors von La Roche eifrig nach Variationen des vielversprechenden Themas gesucht. Man wußte dort: Wenn man sich mit einem einzigen wirkungsvollen Benzodiazepin zufriedengab, würden andere Arzneimittelhersteller zu experimentieren beginnen und in der Lage sein, ihre Version dieses verheißungsvollen Medikaments herzustellen. Es standen handfeste kommerzielle Interessen dahinter, daß La Roche sich beeilte und sich so viele Benzodiazepine wie möglich patentieren ließ. Diazepam gehörte dazu.
Schnell fand man heraus, daß *Diazepam* nicht ganz so gut war wie Chlordiazepoxid, doch unter bestimmten Bedingungen war es sogar besser. So stellte man beispielsweise fest, daß es als Beruhigungsmittel 5mal wirkungsvoller war, als Muskelentspannungsmittel 5mal effektiver und als Krampflöser 10mal stärker wirkte. 1963 brachte La Roche Diazepam als Medikament *Valium* auf den Markt.
In der Zwischenzeit hatte ein anderer Arzneimittelhersteller, Wyeth Laboratories, mit der Forschung auf dem Bereich der Benzodiazepine begonnen. Sein erstes Medikament aus dieser Gruppe war *Oxazepam*. Noch bevor die sechziger Jahre zu Ende waren, hatten sich viele andere Hersteller auf dieses lohnende Feld medizinischer Forschung begeben, und die Benzodiazepin-Familie war bemerkenswert gewachsen.

Die Benzodiazepine – eine ersehnte Lösung

Für schlecht ausgebildete, nicht vorbereitete Ärzte, die plötzlich einer Epidemie seelisch-geistiger Erkrankungen gegenüberstanden, waren diese Medikamente eine Antwort auf viele, wenn nicht sogar auf alle ihrer Probleme. Die Behauptungen der Hersteller machten klar, daß diese Medikamente nicht nur ungefährlich waren, sondern daß sie wahrscheinlich bei ungefähr allen Beschwerden, mit denen die Mediziner konfrontiert wurden, wirkten. Das unvermeidliche Ergebnis war, daß die Ärzte die neuen Produkte mit ungezügelter Begeisterung begrüßten.

Innerhalb von einem oder 2 Jahren gehörten die Benzodiazepine zu den am meisten verordneten Mitteln der Welt – wobei Librium und Valium in der Hitliste der Bestseller unter den Medikamenten weltweit an der Spitze standen. Für Ärzte in Krankenhäusern waren die Benzodiazepine Segen und Wohltat. Für frei praktizierende Ärzte waren sie ein Rettungsanker. Mit einem Rezeptblock auf dem Tisch und einem Kugelschreiber in der Hand konnte ein Allgemeinmediziner zum Retter seiner Patienten werden.

Vom Start weg meinten die Ärzte, daß die Patienten glücklich waren, Valium und ähnliche Medikamente nehmen zu können. Derjenige Allgemeinmediziner, der fröhlich und ohne Fragen zu stellen die Benzodiazepine verschrieb, wurde schnell beliebt und erfolgreich. Der Allgemeinmediziner dagegen, der mit dem Einsatz dieser Medikamente vorsichtig war, stand bald in dem Ruf, ziemlich schwierig und unfreundlich zu sein. Es kam bei den Ärzten in Mode, die Benzodiazepine zu verschreiben. Und bei den Patienten kam es in Mode, sie zu schlucken.

Zu Beginn der sechziger Jahre wurden diese Medikamente nicht nur bei eindeutig erkennbaren Angstzuständen verschrieben, sondern auch bei einer ganzen Reihe körperlicher Beschwerden. Shapiro und Bacon wiesen 1961 nach, daß Medikamente dieser Gruppe sehr oft Patienten mit Bluthochdruck oder Herzbeschwerden verschrieben wurden. Sie berichteten auch, daß diese Medikamente häufig auch bei Allergien, Beschwerden mit dem Stoffwechsel, den Atemwegen und der Ernährung und bei inneren Erkrankungen eingesetzt wurden.

1962 bestätigten Bacon und Fisher, daß die Ärzte diese Mittel bei Erkrankungen des Herzens und der Atemwege einsetzten, und sie fügten hinzu, daß sie auch bei Magen- und Darmkrankheiten verschrieben wurden.

Im Laufe der Jahre wurde immer deutlicher, daß Ärzte, besonders praktische Ärzte, die Benzodiazepine benutzten, um eine ganze Reihe von körperlichen und geistigen Beschwerden zu behandeln, von denen bekannt war, daß sie mit Streß, Belastungen und Ängsten in Verbindung standen. Valium und seine Verwandten waren die einzige Antwort auf alle psychischen und physischen Ausdrucksformen des Streß.

Da ihre Begeisterung für Valium immer noch stieg, fingen viele Ärzte an, Benzodiazepine auch in recht ungeeigneten Fällen zu verschreiben. So zeigte beispielsweise ein Bericht, den Johnson und Clift 1968 in Manchester vorlegten, daß mehr als die Hälfte der Patienten, die ein Schlafmittel brauchten, diese Pillen verordnet bekamen, weil rein körperliche Probleme sie am Schlafen hinderten. Die meisten Patienten konnten nicht schlafen, weil sie beispielsweise Schmerzen hatten, verursacht durch Beschwerden wie Arthritis, Muskel- oder Rückenbeschwerden. Es wäre natürlich viel vernünftiger gewesen, die Ursachen der Schlaflosigkeit zu behandeln, nicht aber die Schlaflosigkeit selbst.

Genauso schwer ist zu verstehen, warum Ärzte Beruhigungsmittel so oft bei der Behandlung von Fettleibigkeit, chronischer Bronchitis und anderen körperlichen Beschwerden einsetzten.

Es scheint, daß ihr früher Erfolg mit Valium viele Ärzte davon überzeugt hatte, daß es sich hier um ein universelles Wundermittel handelte, anwendbar bei allen Beschwerden, die dem Menschen bekannt waren. Wenn er also vor einer schwierigen Diagnose stand, griff der Arzt eben zu einem Rezeptblock und kritzelte den Namen seines Lieblingsbenzodiazepins hin.

Der Gebrauch von Benzodiazepinen ist inzwischen so weit verbreitet, daß schwer abzuschätzen ist, wer eigentlich ein oder zwei dieser Medikamente verschrieben bekommt. Es scheint jedoch ziemlich sicher, daß jeder, der mit etwas anderem als einem klaren Wunsch nach einer ganz bestimmten Behandlung zum Arzt geht, wahrscheinlich bei einem Benzodiazepin landet. Gehen Sie mit unbestimmten psychischen Beschwerden, mit häufigen Schmerzen oder mit irgendwelchen Symptomen, die schwer zu diagnostizieren sind, zum Arzt – wenn Sie etwas verschrieben bekommen, wird es wahrscheinlich ein Benzodiazepin sein.

Es gibt auch Hinweise darauf, daß viele Ärzte (und Ärztinnen) Neigungen zu sexueller Diskriminierung erkennen lassen, wenn sie Valium verschreiben. Mehr als ein Dutzend Studien aus Europa, den USA, Kanada und Australien belegen beispielsweise, daß Frauen viel schneller Benzodiazepine verschrieben bekommen als Männer. Es hat sich besonders gezeigt, daß Frauen um Ende 40, Ende 50 oder Anfang 60 besonders häufig Pillen aus dieser Gruppe bekommen.

Und wenn mehrere Einzelfaktoren zusammenkommen, führt nichts an Valium vorbei. Eine Frau von 50, die mit unbestimmten Beschwerden irgendwelcher Art zu ihrem Doktor geht, wird fast mit Sicherheit die Praxis verlassen und ein Rezept für ein Benzodiazepin in der Hand haben. Beschwerden in den Wechseljahren, Schlaflosigkeit, Langeweile, Eheprobleme, Schmerzen aller Art – die Antwort ist fast immer dieselbe.

Warum nahmen die Ärzte die Benzodiazepine so unkritisch an?

Tausende von Ärzten, die plötzlich anfingen, Valium & Co. in großen Mengen zu verschreiben, wußten in Wirklichkeit sehr wenig über die Medikamente, die sie verordneten. Sie übernahmen das, was die Hersteller ihnen erzählten.

Es gab 2 Gründe für dieses unglaubliche Vertrauen und diese Praxis des Verschreibens.

Erstens sind die meisten praktizierenden Ärzte von heute in einer Welt groß geworden, in der sie es gewohnt waren, ihre Informationen über die Medikamente von den Herstellern selbst zu bekommen. Für alle Ärzte ist dieses in der Tat der einfachste Weg, auf dem laufenden zu bleiben. Ein Mediziner, der vor 10 oder mehr Jahren seine Examen gemacht hat, hat nicht mehr viel Zugang zu der modernen Pharmakologie, und er würde eine pharmakologische Fachzeitschrift gar nicht verstehen, selbst wenn er sich die Mühe machte, eine in die Hand zu nehmen. Und wenn er sein Unwissen nicht dadurch eingestehen will, daß er zu Blutegeln und Kräuterpülverchen greift, dann hat er keine Wahl, als die leicht lesbaren Broschüren und Informationsblätter der Arzneimittelhersteller zu akzeptieren und die gedruckten Versprechen, Behauptungen und Versicherungen zu glauben. Selbst junge Ärzte, die das Studium noch gar nicht so lange hinter sich haben, lernen neue Medikamente auf diese ziemlich fragwürdige Weise kennen, da die medizinischen Fakultäten die Pharmakologie etwa so behandeln wie die Psychiatrie – als recht nebensächliches Thema.

Der 2. Grund, warum die Ärzte glücklich akzeptierten, was man ihnen über die Benzodiazepine sagte, lag darin, daß sie alles glauben wollten und mußten, was sie lasen und hörten. Sie wünschten sich verzweifelt, daß die Benzodiazepine tatsächlich wirkten. Und so kamen sie nicht im Traum darauf, die Versprechen und Behauptungen in Frage zu stellen.

Als Folge ihres erschreckenden Unwissens machen praktische Ärzte häufig Fehler, wenn sie Benzodiazepine verschreiben. Und das sind die häufigsten:

1. Sie lassen zu, daß Patienten Valium oder andere Medikamente aus dieser Gruppe länger als 2 Monate nehmen. Das läßt aus 2 Gründen auf medizinische Inkompetenz schließen. Erstens ist bekannt, daß das Medikament abhängig machen kann, es sollte daher immer nur zur Lösung kurzfristiger Probleme eingesetzt werden. Zweitens läßt die Wirkung des Medikaments im Laufe der Wochen nach, und nach 2 Monaten werden die meisten Patienten die Dosis erhöhen müssen, damit sich weiter eine helfende Wirkung einstellt. (Die Steigerung der Dosis kann auch notwendig sein, um die Beschwerden, die durch das Mittel selbst entstehen, zu mildern.) Außerdem spielt das Medikament keine medizinische Rolle bei der Behandlung von langwierigen Beschwerden. Es ist ein Linderungs-, kein Heilmittel.
2. Die Ärzte verschreiben die falschen Dosierungen. Weil sie sich daran gewöhnt haben, daß ihre Dauerpatienten Valium in hohen Dosierungen brauchen, verschreiben praktische Ärzte oft auch neuen Patienten dieselben hohen Mengen. Diese gefährliche Methode führt im allgemeinen dazu, daß der Patient unter unnötigen Nebenwirkungen zu leiden hat.

Es bedeutet auch, daß die tägliche Dosis außerordentlich hoch sein wird, wenn der Patient sie nach einem Monat oder zwei steigern muß.

3. Die Ärzte mischen Benzodiazepine miteinander und verschreiben oft ein und demselben Patienten verschiedene Mittel aus dieser Gruppe. Darin liegt nicht viel Sinn, denn es bestehen wenige – wenn überhaupt – Unterschiede zwischen den Produkten.
4. Die Ärzte setzen regelmäßig Benzodiazepine bei Patienten ein, die nicht einschlafen können. Etwa 6 % der Bevölkerung nehmen jeden Abend eine Schlaftablette. In Krankenhäusern ist der Verbrauch von Schlafmitteln noch höher, wo Pillen routinemäßig an alle Patienten verteilt werden, dürfte die Prozentzahl sehr nahe bei 100 liegen.

Aber das Einnehmen von Schlafmitteln ist als Langzeitlösung sinnlos und gefährlich. Es ist sinnlos, denn es ist nicht bewiesen, daß die meisten Schlafmittel überhaupt länger als 2 Wochen wirken. Danach verlieren sie ihre Wirkung, wenn die Dosis nicht erhöht wird. Und es ist gefährlich, denn es ist bewiesen, daß ein als Schlafmittel über lange Zeit genommenes Benzodiazepin abhängig machen kann.

Was dieses Unwissen besonders unentschuldbar macht, ist die Tatsache, daß die Gefahren im Zusammenhang mit den Benzodiazepinen nicht verschwiegen wurden, sondern sie standen jedem Arzt zur Verfügung, der bereit war, etwas anderes als die von der Arzneimittelindustrie geförderten Publikationen zu lesen. So schrieb beispielsweise Frank Ayd, damals Redakteur des *International Drug Therapy Newsletter,* in dem Buch *Discoveries in Biological Psychiatry* (herausgegeben von Ayd und Blackwell, erschienen bei Lippincott, 1970):

»Obwohl große Mengen an Beruhigungsmitteln verschrieben werden, muß festgehalten werden, daß sie von manchen Ärzten nicht vernünftig verordnet werden. Der Mißbrauch kommt vor allem bei Ärzten vor, die unklugerweise den Wünschen ihrer Patienten nachgeben oder die gründliche medizinische Beurteilung durch Zweckmäßigkeitsverhalten ersetzen. Die Gleichgültigkeit dieser Ärzte gegenüber dem möglichen Mißbrauch der Beruhigungsmittel und gegenüber dem Wohlergehen ihrer Patienten zeigt sich ferner darin, daß sie große Mengen ohne Einschränkung verschreiben und daß sie nicht darauf bestehen, daß der Patient regelmäßig in die Sprechstunde kommt, damit die Reaktion auf das Medikament oder die weitere Notwendigkeit des Verschreibens überprüft werden. Diese Praktiken verdienen nicht nur Tadel, sie sind auch eine Einladung zum Drogenmißbrauch. Ganz eindeutig sollte der Mißbrauch einiger Medikamente dazu führen, daß der Arzt oder der Apotheker verboten werden, nicht aber das Medikament selbst.«

Hilfe durch die Reaktionen gegen die Barbiturate

Bis die Benzodiazepine auf den Markt kamen, verschrieben die meisten Ärzte ihren Patienten mit Angstzuständen Barbiturate, ebenso den Patienten, die eine Einschlafhilfe brauchten, und jenen, die einfach mit dem Leben nicht zurechtkamen.
In den fünfziger Jahren wurde jedoch deutlich, daß Barbiturate für den Gebrauch auf breiter Ebene weder ungefährlich noch geeignet waren. Es wurde klar, daß sie gefährliche Drogen sind, die abhängig machen können. Anfang der siebziger Jahre gab es Schätzungen, nach denen allein 3 Menschen täglich an einer absichtlich eingenommenen Überdosis von Barbituraten starben.
Der schlechte Ruf der Barbiturate führte dazu, daß die Einführung der Benzodiazepine mit großer Begeisterung begrüßt wurde. Ärzte, die jahrzehntelang fröhlich Barbiturate verschrieben hatten, änderten ihre Gewohnheiten schnell. Statt haufenweise Barbiturate zu verteilen, verteilten sie nun die Benzodiazepine haufenweise.

Wie viele Benzodiazepine gibt es?

Als die Weltgesundheitsorganisation WHO in Moskau 1979 ein Seminar über Psychopharmaka (Medikamente, die auf Seele und

Geist wirken) veranstaltete, schätzte man, daß es etwa 1 000 Medikamente mit Bestandteilen gab, die auf die Psyche wirken. Viele davon waren Benzodiazepine. Man schätzt, daß ungefähr 700 Substanzen auf dem Markt sind, die dem Valium ähneln.
Die Benzodiazepine sind inzwischen sicherlich die Substanzen, die am häufigsten verschrieben werden. Sie sind der größte Verkaufsschlager in der Geschichte der Medizin. Mit ihnen werden weltweit jedes Jahr Milliardenumsätze gemacht.

Nehme ich Benzodiazepine?

Wenn Sie ein Medikament verschrieben bekommen, lesen Sie auf dem beiliegenden Zettel nach, ob ein Benzodiazepin enthalten ist. Ich gebe allerdings zu, daß der Beipackzettel für den Laien oft kaum verständlich ist. Die Zahl der Benzodiazepine ist groß, und ständig kommen neue dazu.
Deswegen fragen Sie am besten Ihren Arzt oder Ihren Apotheker. Selbst wenn die Ihnen nicht auf Anhieb sagen können, ob das Medikament ein Benzodiazepin enthält, so haben sie doch Nachschlagewerke zur Hand. Bestehen Sie auf klaren Auskünften, und sprechen Sie mit Ihrem Arzt, ob es medizinisch wirklich notwendig ist, daß Sie ein Benzodiazepin nehmen.

Unterscheiden sich die zahlreichen Benzodiazepine?

Ärzte, Pharmazeuten und Forscher streiten seit Jahrzehnten, ob es zwischen den zahlreichen Benzodiazepinen Unterschiede gibt oder nicht. Einzelne Arzneimittelhersteller behaupten häufig, daß gerade ihr Produkt besondere Eigenschaften habe. Eine Firma wird erklären, daß ihr Benzodiazepin besonders wenig Nebenwirkungen hat. Die andere wird für ihr Produkt in Anspruch nehmen, daß es besonders gut für Patienten ist, die nicht einschlafen können. Eine dritte Firma wird sagen, daß sie das beste Mittel hat für Leute, die sich nicht entspannen können.

Wenn sie diese Behauptungen aufstellen, werden die Arzneimittelhersteller im allgemeinen erklären, daß die Eigenschaften der verschiedenen Benzodiazepine auf der Molekularstruktur, der möglichen Dosierung, auf Stoffwechselvorgängen und auf der Halbwertzeit beruhen. (Die Halbwertzeit kann Hinweise darauf geben, wie lange ein Mittel braucht, um den Körper zu durchlaufen. Einige Benzodiazepine haben eine lange Halbwertzeit und wirken mehrere Tage, wobei sich der Anteil im Blut erhöht, wenn wieder neue Tabletten eingenommen werden. Andere Benzodiazepine haben eine kürzere Halbwertzeit und werden in verhältnismäßig kurzer Zeit aufgespalten und vom Körper wieder ausgeschieden.)
Um ihre Behauptungen zu stützen, verweisen die Arzneimittelhersteller im allgemeinen auf Veröffentlichungen, die angeblich klare Beweise für ihre eigenen Angaben liefern. Die Zeitungen und Zeitschriften auf der ganzen Welt sind voll von Artikeln, die beweisen wollen, daß dieses oder jenes Benzodiazepin besser als alle anderen ist.
Leider sind diese sogenannten Forschungsergebnisse nicht immer so unabhängig, wie sie wirken, sie sind auch nicht so wichtig, wie die Arzneimittelhersteller, die sich auf sie berufen, es gern hätten. Denn zusätzlich zu den etablierten medizinischen Fachzeitschriften auf der ganzen Welt gibt es eine Reihe von anderen Publikationen (oft mit sehr eindrucksvollen Namen), die Artikel gegen Bezahlung veröffentlichen. In solchen Zeitungen und Zeitschriften können die Hersteller Forschungsergebnisse drucken lassen, die von ihnen engagierte Ärzte erstellt haben. Und bei solcher Art von Forschung wird das Ergebnis aller Wahrscheinlichkeit nach günstig und positiv ausfallen.
Ein vorliegender Bericht, der offensichtlich völlig unabhängig ist, zeigt auf, daß es in der Praxis wenig Unterschiede zwischen den verschiedenen Benzodiazepinen gibt. 1980 veröffentlichte das *British Committee on the Review of Medicines* einen Bericht, in dem es hieß, daß »Benzodiazepine bei der Behandlung von Angstzuständen und Schlaflosigkeit alle gleich wirksam sind, wenn sie kurzzeitig eingesetzt werden; jede Einteilung der Benzodiazepine in spezielle Mittel entweder gegen Angstzustände oder

Schlaflosigkeit ist ungerechtfertigt«. Die Liste der Weltgesundheitsorganisation mit etwa 200 wichtigen Medikamenten erwähnt nur ein Benzodiazepin – Diazepam.
Der wohl einzige Unterschied, der wirklich zu bestehen scheint, betrifft die Wirkungsdauer im Körper. So scheint es beispielsweise so zu sein, daß die Benzodiazepine Chlordiazepoxid, Clorazepat, Diazepam, Flurazepam, Medazepam und Nitrazepam lange wirken und für Patienten geeignet sind, deren Angstzustände länger behandelt werden müssen (dabei erstreckt sich die Behandlung auch auf den Tag, nicht nur auf den Abend als Einschlafhilfe). Auf der anderen Seite haben Lorazepam, Oxazepam, Temazepam und Triazolam eine kurze Wirkungszeit, sie sind geeignet für Patienten, die abends ein Beruhigungsmittel brauchen, aber nicht wegen Angstzuständen behandelt werden.
Aber selbst dieser Unterschied scheint von sehr geringer Bedeutung zu sein. Einige Arzneimittelhersteller kümmern sich sowieso wenig um irgendwelche Unterschiede, und so können wir meiner Meinung nach mit Sicherheit davon ausgehen, daß die Unterschiede keinerlei medizinische Bedeutung haben.
Alle Benzodiazepine können daher als ein einziges Medikament betrachtet werden.

Wie verbreitet und beliebt sind Benzodiazepine?

Beruhigungsmittel werden regelmäßiger eingenommen als alle anderen Medikamente. Und unter den Beruhigungsmitteln werden die Benzodiazepine bei weitem am häufigsten verschrieben, und unter ihnen wiederum steht Valium an der Spitze.
Valium ist vermutlich das Medikament, das in der ganzen Welt am meisten verschrieben wird. Es steht an der Spitze jeder Hitliste und hat in der Welt der Pharmazie eine Popularität und eine Beliebtheit, die weder die Beatles noch Elvis Presley in der Popmusik je erreichen konnten.
Valium ist, kurz gesagt, ein pharmazeutisches Phänomen.

Die Explosion des Verschreibens geht immer noch weiter

In den gut zwei Jahrzehnten nach ihrer Einführung haben die Ärzte die Benzodiazepine in immer größeren Mengen verschrieben. Zwischen 1965 und 1970 stieg die Zahl der Verordnungen für Medikamente dieser Gruppe ständig. Sie ging bei den Beruhigungsmitteln in die zweistelligen Millionen. Die Benzodiazepine und ähnliche Medikamente machen etwa 5–6 % aller Arzneien aus, die praktische Ärzte verschreiben. Mit anderen Worten: Wenn Sie 1970 zu einem praktischen Arzt gingen, standen Ihre Chancen besser als 1 : 20, daß Sie mit einem Rezept für Valium oder ein ähnliches Mittel wieder nach Hause gingen. 1975 waren die Beruhigungsmittel sogar noch beliebter geworden. Eine von 6 Verordnungen lautete auf ein Medikament dieser Gruppe.

Doch die Grenze war noch nicht erreicht. Im *British Medical Journal* erschien 1977 ein Artikel von Richard Doll, Professor für Medizin an der Universität Oxford, D. C. G. Skegg, Dozent für Epidemiologie, und J. Perry, Direktor des Gesundheitsprojekts der Stadt Oxford; sie berichteten, daß Psychopharmaka fast ein Fünftel aller Verschreibungen ausmachten, und zwar 9,7 % Männer und 21 % Frauen bekamen im Laufe eines Jahres mindestens ein Medikament aus dieser Gruppe. Von den Frauen zwischen 45 und 59 Jahren bekam jede dritte irgendein Beruhigungsmittel.

20 Jahre lang sind die Benzodiazepine weltweit die Gruppe von Medikamenten gewesen, die bei den Verschreibungen den höchsten Zuwachs hatte. Es gibt auch keinerlei Anzeichen dafür, daß dieser Prozeß sich umkehrt.

Im Laufe der Jahre haben die Wissenschaftler immer mehr Artikel veröffentlicht, aus denen hervorgeht, daß die Benzodiazepine längst nicht so ungefährlich sind, wie man anfangs annahm. Im nächsten Kapitel habe ich einige Beweise zusammengestellt, die den großen Bereich der Nebenwirkungen und Gefahren dieser Medikamente aufzeigen. Viele dieser Forschungsergebnisse wurden schon vor 10 oder 20 Jahren veröffentlicht.

Trotz dieser Häufung von negativen Hinweisen setzen viele Ärzte jedoch weiterhin Benzodiazepine ein, als wären sie so wirkungs-

voll wie der Stein der Weisen und so harmlos wie ein Schokoladenbonbon. In zahlreichen recht naiven Zeitungsartikeln haben Ärzte ihr Unwissen und einen bemerkenswerten Mangel an Selbstkritik erkennen lassen, indem sie den Einsatz von Benzodiazepinen verteidigten, als wären sie ein lebenswichtiger Bestandteil im therapeutischen Waffenarsenal des modernen Arztes.
Das sind sie natürlich auch.
Denn die Wahrheit lautet, daß viele praktische Ärzte heutzutage vom Verschreiben dieser Medikamente abhängig sind. Die Ärzte, nicht die Patienten, sind die schlimmsten Abhängigen.

Die Benzodiazepine im Krankenhaus

In den sechziger und siebziger Jahren stieg die Nachfrage nach ärztlicher Hilfe ziemlich stark an. Wie ihre Kollegen in den Allgemeinpraxen begannen die Krankenhausärzte, die Benzodiazepine als die einzige Antwort auf viele Probleme zu betrachten. Es waren ja offensichtlich ungefährliche Medikamente mit wenig Nebenwirkungen.
Eine der Beschwerden, bei denen die Benzodiazepine ursprünglich empfohlen wurden, war Schlaflosigkeit. Deswegen überrascht es kaum, daß Krankenhausärzte dazu übergingen, neuen Patienten auch gleich routinemäßig abends eine Dosis eines Benzodiazepins zu verabreichen. Als Argument führten sie an, daß die Patienten wahrscheinlich Einschlafschwierigkeiten bekommen würden, weil der Krankenhausaufenthalt ja ein mit Streß verbundenes Erlebnis sei. Patienten, die nachts wach liegen, seien wahrscheinlich nicht nur am nächsten Tag müde und abgespannt, sondern auch eine Störung für das Nachtdienstpersonal.
So wurde es zu einer gängigen Gewohnheit, daß Krankenhauspatienten routinemäßig Benzodiazepine bekamen. Und wenn der Patient dann entlassen wurde, bekam er oft noch ein paar Pillen mit nach Hause, sie sollten ihm über die ersten Tage hinweghelfen.
Ging der entlassene Patient dann zu seinem behandelnden Arzt, um sich nach dem Krankenhausaufenthalt noch einmal untersu-

chen zu lassen, verschrieb der jedes Mittel, das die Krankenhausärzte empfohlen hatten. Und das Beruhigungsmittel zur Nacht stand sicherlich auf dem Rezept.
Auf diese Weise fingen Hunderttausende von Patienten an, Benzodiazepine zu nehmen.

Die Benzodiazepine in der Allgemeinpraxis

Als die Anzahl der Leute, die Benzodiazepine nahmen, weiter stieg, waren die praktischen Ärzte in einem merkwürdigen Dilemma. Sie hatten den meisten Patienten ursprünglich Benzodiazepine gegeben, weil sie nicht das Wissen oder die Zeit hatten, sich mit den Problemen wirkungsvoller auseinanderzusetzen. Valium war eine schnelle Lösung, die den Patientenstrom in Bewegung hielt.
Das Problem lag jedoch darin, daß Valium niemanden heilte. Es hielt einige Probleme in Grenzen, es beruhigte Patienten, so daß sie nicht mehr soviel klagten, aber es löste keine Probleme und beseitigte keine Beschwerden. Folglich mußten die behandelnden Ärzte feststellen, daß sie ihre Arbeitsbelastung noch vergrößert hatten. Denn alle Patienten, die mit Valium oder einem anderen Benzodiazepin begonnen hatten, baten um weitere Termine in der Sprechstunde und um neue Rezepte für ihre Pillen.
Die Ärzte wurden damit einfach nicht fertig. Sie hatten nicht die Zeit, sich mit allen diesen Dauerpatienten zu befassen. Und so stellten sie für immer mehr Patienten »Wiederholungsrezepte« aus. Mit anderen Worten: Patienten konnten sich einfach ein Rezept für irgendwelche Mittel abholen, ohne sich beim Arzt noch einmal vorstellen zu müssen.
Nun ist es im Prinzip ja vernünftig, Patienten bei langwieriger Behandlung mit einem Wiederholungsrezept zu versorgen. Wenn Sie Diabetiker oder Epileptiker sind, besteht kein Grund, jeden Monat in die Sprechstunde zum Arzt zu gehen, um ein Rezept für die regelmäßige Behandlung abzuholen. Alle Beteiligten sparen Zeit, wenn die Sprechstundenhilfe Anweisung hat, Rezepte für solche Patienten herauszugeben. Die Patienten werden nur aufge-

fordert, sich beim Arzt wieder vorzustellen, wenn sie Beschwerden haben oder ungewöhnliche Symptome auftreten.
Bei Benzodiazepinen gab es jedoch nie einen einsehbaren Grund, Wiederholungsrezepte auszustellen. Valium und die vergleichbaren Medikamente wurden nie für die Langzeitbehandlung empfohlen. Selbst die Hersteller erklärten, daß sie am besten für die Kurzzeitbehandlung geeignet seien. Valium & Co. sind keine Dauermedikamente!
Wiederholungsrezepte für Benzodiazepine wurden nicht ausgestellt, weil das medizinisch vernünftig war, sondern weil sie eine Lösung für ein Problem waren, das Ärzte und Patienten nicht anders bewältigen konnten. Kein Arzt, der mehr als einer Handvoll seiner Patienten Benzodiazepine verordnet hatte, konnte darauf hoffen, seine Praxis vernünftig zu organisieren, wenn er diesen ständig wiederkommenden Patienten nicht Wiederholungsrezepte ausstellte.
Und so kommt es, daß wahrscheinlich ein paar Millionen Menschen länger als 6 Monate regelmäßig Beruhigungsmittel nehmen. Tausende von praktischen Ärzten sind zu Drogen-Pushern geworden, Hunderte ihrer Patienten zu Abhängigen.
Ein Bericht im *British Medical Journal* zeigte auf, daß einer von 10 Patienten mit Wiederholungsrezept für Medikamente dieser Art die Mittel länger als 10 Jahre bekommen hat – einige sogar, ohne den Arzt in all den Jahren je zu sehen. Wenn Ärzte jedoch darauf bestanden, den Patienten zu sehen, bevor sie ein Wiederholungsrezept ausstellten, lag der durchschnittliche Zeitabstand zwischen den Besuchen immerhin auch bei 19 Wochen.
So wie die Dinge im Augenblick stehen, scheint das Problem noch schlimmer zu werden, bevor eine Besserung eintritt. Statt nach Wegen zu suchen, wie die Verschreibung nach dieser Methode eingeschränkt werden könnte, konzentrieren sich viele Ärzte offenbar darauf, Möglichkeiten der Vereinfachung für diesen Vorgang zu finden, damit die Verwaltung leichter wird.
So hält beispielsweise in viele Arztpraxen der Computer Einzug, was es noch einfacher für den Patienten macht, Nachschub an Medikamenten zu bekommen. Mit Hilfe des Computers, eines Spezialprogramms und eines Ausdrucks kann sich der Arzt mehr

oder weniger von der Arbeit des Verschreibens zurückziehen. Er braucht nur noch zu unterschreiben.
Es überrascht kaum, daß die Zahl der Menschen, die Benzodiazepine nehmen, von Jahr zu Jahr steigt.

Wie sieht die Zukunft aus?

Nach Schätzungen hat jeder dritte Patient, der zum Arzt geht, irgendein psychologisches Problem. Die möglichen Profite sind auf diesem Gebiet also sehr groß. Es überrascht kaum, daß viele der größten Arzneimittelkonzerne in der Welt Riesensummen ausgeben auf der Suche nach Medikamenten, die eine Wirkung auf das Gehirn haben, die geistige Funktionen wiederherstellen oder gar verbessern, die die Konzentration und das Gedächtnis verbessern oder die einfach ungefährliche und wirkungsvolle Beruhigungsmittel sind.
Die Suche nach der letzten Gruppe, den Beruhigungsmitteln, wird vermutlich mit dem größten Nachdruck betrieben. Denn so wie La Roche erfolgreich die Barbiturate ersetzte, als Chlordiazepoxid und seine Verwandten auf den Markt kamen, so suchen andere Arzneimittelhersteller nach einer neuen Alternative, weil sie das Problem mit den Benzodiazepinen erkannt haben und wissen, daß viele Patienten und manche Ärzte zunehmend Angst davor bekommen. La Roche verdiente ein Vermögen mit der Entdeckung. Auch ein Ersatzmittel für Valium wird ein Vermögen einbringen. Manche Hersteller arbeiten schon an Schlaf- und Beruhigungsmitteln ohne Benzodiazepine, und diese neuen Mittel sollen angeblich keinerlei Abhängigkeit auslösen.
Ich frage mich in diesem Zusammenhang, ob wir alle denselben Fehler noch einmal begehen werden. Als ich vor 10 Jahren mein Buch *The Medicine Men* (Die Medizinmänner) schrieb, sagte ich voraus, daß die Ärzte versuchen würden, ihre Patienten von den Benzodiazepinen wegzubekommen. Es schien damals schon auf der Hand zu liegen, daß Valium und seine Verwandten zu echten Problemen führen und Tausende von Patienten in die Abhängigkeit geraten würden.

Ich glaube, daß in absehbarer Zukunft ein Hersteller eine Alternative zu den Benzodiazepinen produzieren wird, ein neues, ungefährliches Beruhigungsmittel. Und wieder wage ich dieselbe Voraussage: Was für ein Medikament es auch sein mag, wenn es sich als wirkungsvolles Beruhigungsmittel erweist, werden Patienten auch davon abhängig werden. Und in 10 Jahren stehen wir wieder vor demselben Problem.

Streß und Belastungen führen zu vielen Schwierigkeiten, aber Medikamente sind nicht die Antwort.

Viele Jahre lang wurden die Barbiturate als nützliche, gefahrlose Mittel für die Behandlung von Schlaflosigkeit, Depressionen und allen Formen von Angstzuständen angesehen. Dann fand man heraus, daß sie gefährlich abhängig machen. Nach genau demselben Muster verläuft jetzt die Sache mit den Benzodiazepinen. Und ich glaube, ganz gleich, welche pharmakologische Lösung die Arzneimittelhersteller für psychische Probleme anbieten, das Mittel, das sie liefern, wird zu Abhängigkeit führen.

Schattenseiten und Gefahren

Die Benzodiazepine und Abhängigkeit

Obwohl die zahlreichen Hersteller, die Benzodiazepine produzieren und verkaufen, unterschiedliche Angaben zu ihren Mitteln machen, sind die Medikamente im Grunde sehr ähnlich. Es bestehen wirklich keine so großen Unterschiede zwischen den Produkten, wie die Hersteller uns gern glauben machen wollen.

Wenn beispielsweise ein Mittel als Medikament gegen Angstzustände und ein anderes als Schlafmittel verkauft wird, bestehen dennoch keine großen Unterschiede zwischen beiden. Die Ärzte verschreiben das eine zum Einnehmen tagsüber, weil man ihnen gesagt hat, das so zu machen. Und das andere Mittel wird als Schlafhilfe verschrieben, auch weil man den Ärzten gesagt hat, es sei eins.

Weil die Grundbestandteile der Mittel ähnlich sind, sind auch die Nebenwirkungen und die Probleme gleich. So kann jede Warnung und jeder Ratschlag in diesem Kapitel für die Mehrzahl der Benzodiazepine gelten, die jetzt im Handel sind und die vermutlich in der Zukunft noch entwickelt werden.

In den vergangenen Jahren hat die Problematik der Abhängigkeit von den Benzodiazepinen viel Aufmerksamkeit erregt. In Zeitungen und Zeitschriften erschienen zahlreiche Artikel zu dem Thema, und fast immer, wenn zu dem Problem etwas geschrieben wurde, erhielten die Autoren zahllose Briefe von Männern und Frauen, die erkannt hatten, daß bei ihnen selbst dieselben Sym-

ptome auftraten wie bei den Abhängigen, über die berichtet worden war. Ärzte, die schon einmal im Radio oder im Fernsehen als Berater gearbeitet haben, werden bestätigen, daß die Telefone nicht mehr stillstehen, wenn erst einmal ein Anrufer über die Abhängigkeit von Benzodiazepinen erzählt hat. Die Leute rufen in Scharen an und berichten von den gleichen Symptomen.
Derartige subjektive Berichte haben natürlich keine wissenschaftliche Beweiskraft, und es gibt viele Leute, die behaupten, daß die Benzodiazepine *nicht* zur Abhängigkeit führen.
2 Jahrzehnte lang haben beispielsweise einige Hersteller von Benzodiazepinen immer wieder behauptet, daß diese Medikamente nicht zu derartigen Problemen führen. Sie wurden unterstützt von einer Reihe von Beratern und Medizinexperten, die in Veröffentlichungen die Vorzüge dieser Gruppe von Medikamenten rühmten. Die ganze Geschichte wurde noch verwirrender durch die Tatsache, daß es zahlreiche Diskussionen darüber gab, was denn nun die Wörter wie »Sucht«, »Abhängigkeit«, »Toleranz« oder »Gewöhnung« usw. bedeuten. Die akademischen Argumente zu der Bedeutung dieser Wörter haben oft die grundlegende Frage in den Hintergrund gedrängt, ob Leute, die Valium oder ähnliche Mittel nehmen, abhängig werden können oder nicht.
Nach meinem Gefühl ist es in der Praxis ganz egal, ob Leute, die Medikamente nehmen, einfach nur eine schlechte »Angewohnheit« oder eine körperliche »Abhängigkeit« entwickeln. Es besteht auch kein großer Unterschied, ob sie höhere Dosierungen schlucken, weil sie über eine größere körperliche »Toleranz« gegenüber dem Medikament verfügen oder weil sie anders einfach nicht zurechtkommen.
Nachdem ich die Zahlen in vorliegenden Forschungsberichten studiert habe, bin ich völlig überzeugt, daß eine *echte* Gefahr der Abhängigkeit besteht, wenn jemand ein Benzodiazepin länger als 1 oder 2 Wochen nimmt. Und ich glaube auch, daß Beweise, die dafür sprechen, daß die Benzodiazepine abhängig machen, seit einigen Jahren mehr als eindeutig sind. Der Umfang des Suchtproblems im Zusammenhang mit diesen Medikamenten ist ständig unterschätzt worden, weil die meisten Benzodiazepin-Abhängigen freien Zugang zu Nachschub haben; und das Auftreten von

Entzugserscheinungen wurde ständig unterbewertet, weil nur relativ wenige Menschen versucht haben, von den Benzodiazepinen loszukommen.

Um meine Ansicht, *daß* die Benzodiazepine zu Abhängigkeit führen, zu stützen, biete ich folgende Tatsachen an:

1. 1975 veröffentlichten 3 Ärzte vom Zentrum zur Behandlung von Drogensucht am Philadelphia VA Hospital und an der Universität von Pennsylvania in Philadelphia einen Bericht in *The International Journal of the Addiction* mit der Überschrift »Falscher Gebrauch und Mißbrauch von Diazepam: ein immer häufiger auftretendes medizinisches Problem«. Dr. Woody, Dr. O'Brian und Dr. Greenstein nahmen Bezug auf Berichte, die schon 1970 veröffentlicht worden waren und in denen Beispiele für körperliche Abhängigkeit von Chlordiazepoxid und Diazepam dokumentiert wurden; sie berichteten, daß sie seit 1972 einen verstärkten Mißbrauch von Diazepam beobachteten. Sie schlossen ihren Bericht: »Alle Ärzte sollten wissen, daß es zu falschem Gebrauch und Mißbrauch von Diazepam kommen kann, und sie sollten beim Verschreiben, bei der Weitergabe und bei der Vorratshaltung dieses Medikaments sehr vorsichtig sein.«
2. 1970 veröffentlichte Dr. Norman Imlah, medizinischer Direktor und Psychiater am All Saints Hospital in Birmingham und ein Experte auf dem Gebiet der Drogensucht, ein Buch mit dem Titel *Drugs in Modern Society* (Drogen in der modernen Gesellschaft). Er schrieb über die Benzodiazepine: »Die Zeit reicht für eine gründliche Beurteilung noch nicht aus ...« Aber er fuhr fort: »Sie werden als sehr sichere Medikamente ohne unerwünschte Nebenwirkungen angesehen, allerdings besteht die Gefahr, daß sie abhängig machen.«
   Also schon damals, bevor andere Nebenwirkungen der Benzodiazepine bekannt waren, war klar, daß diese Medikamente Abhängigkeit verursachen können.
3. 1961, kurz nachdem Chlordiazepoxid in die medizinische Praxis eingeführt worden war, erschien in *Psychopharmalogica* ein Bericht, den 3 Ärzte aus dem Veterans' Administration Hospital, Palo Alto, Kalifornien, geschrieben hatten. Unter

dem Titel »Entzugserscheinungen bei Chlordiazepoxid (Librium)« beschrieb dieser Bericht in dramatischer Deutlichkeit, wie Patienten, die das Mittel genommen hatten, unter Entzugserscheinungen litten, als sie es nicht mehr bekamen.
Die Autoren beschrieben, wie bei 11 Patienten, die bis zu 6 Monaten ziemlich hohe Dosierungen von Chlordiazepoxid genommen hatten, plötzlich das Medikament abgesetzt wurde; statt dessen bekamen sie Zuckertabletten. 10 der 11 Patienten bekamen neue Symptome oder Beschwerden nach dem Entzug von Chlordiazepoxid. 6 Patienten bekamen Depressionen, 5 waren erregt und konnten nicht schlafen, 2 hatten starke Krämpfe oder Anfälle. Die meisten Symptome traten 2–9 Tage nach dem Entzug des Chlordiazepoxids auf, am schlimmsten war es zwischen dem 4. und 8. Tag.
Natürlich ist es vollkommen unmöglich, unter Entzugserscheinungen zu leiden, wenn nicht vorher eine gewisse Abhängigkeit von dem Medikament bestand.
Dieser Bericht, das möchte ich wiederholen, wurde bereits 1961 veröffentlicht.
Es gibt heute, mehr als 2 Jahrzehnte später, *immer noch* Ärzte, die nicht wissen, daß Benzodiazepine zu Abhängigkeit führen können.

4. In einer Aussage vor einer Gesundheitsunterkommission des US-Senats 1979 in Washington erklärte ein Psychiater aus einem Rehabilitationszentrum in Kalifornien, daß Patienten von Diazepam in 6 Wochen abhängig werden können. Vor derselben Kommission wurde ausgesagt, daß es schwerer ist, von Beruhigungsmitteln loszukommen als von Heroin. Ein Experte sagte aus, daß neben dem Alkohol die Beruhigungsmittel Amerikas größtes Drogenproblem seien.
5. In einem Artikel über Benzodiazepin-Abhängigkeit, der 1981 in *British Journal of Addiction* veröffentlicht wurde, berichten Dr. Petursson und Professor Lader vom Psychiatrischen Institut in London, daß »die Benzodiazepine durchaus zu körperlicher und psychologischer Abhängigkeit führen können«. Sie schlossen ihre Analyse mit dem Hinweis, »daß eine sorgfältige Prüfung des Problems . . . dringlich ist«.

6. Bei einem Symposium in der Royal Society of Medicine im April 1973 sagte Dr. John Brown, damals Dozent und Psychiater an den Krankenhäusern St. Bartholomew's und Hackney in London, daß »die Benzodiazepine Medikamente sind, die man vermeiden sollte, wenn der Patient nicht unter strenger Aufsicht steht«. Er erläuterte, daß ihm eine Reihe von Benzodiazepin-Abhängigen bekannt waren; nachdem diese Patienten die Medikamente nicht mehr bekamen, fühlten sich die meisten wohler als je zuvor.

Trotz der Kraft dieser Beweise sind die Benzodiazepine immer noch leicht zu bekommen. Ärzte können sie ohne jede Einschränkung verschreiben, und obwohl darauf hingewiesen wurde, daß sie sogar stärker abhängig machen können als Drogen wie Heroin, fallen die Benzodiazepine nicht unter die Drogengesetzgebung.

Man kann die Macht und die Effektivität der Lobby der Arzneimittelindustrie und ihrer PR- und Marketing-Berater nur bewundern, wie sie die Ärzte erfolgreich überredet haben, diese Medikamente weiterhin in großen Mengen zu verschreiben, und wie sie die Regierungsvertreter überzeugten, diese Medikamente nicht in die Drogengesetzgebung einzubeziehen.

Vor 10 Jahren lagen schon ausreichend Hinweise vor, daß eine gesetzliche Kontrolle den Zugang zu den Benzodiazepinen regeln müßte. Wie lange müssen wir noch darauf warten?

Die Benzodiazepine und Hirnschäden

Bei einer Konferenz im Nationalen Gesundheitsinstitut in Washington im Jahr 1982 berichtete der britische Professor für Psychopharmakologie, Malcolm Lader, daß Röntgenaufnahmen von den Gehirnen einer kleinen Patientengruppe, die mehrere Jahre lang Diazepam genommen hatte, darauf schließen ließen, daß das Gehirn geschädigt war.

Lader wies zwar darauf hin, daß diese ersten Entdeckungen weitere Forschungen erforderlich machten, aber er erklärte, daß seine Arbeit die Vermutung nahelegt, daß das Gehirn geschädigt

und geschrumpft war, wenn Patienten regelmäßig Benzodiazepine nahmen. Als Vergleich zog er Patienten heran, die diese Medikamente nicht genommen hatten.
Es gibt keine genauen Zahlen über die Patienten, die Diazepam über lange Zeit genommen haben, aber Professor Lader schätzt, daß um die 250 000 Briten und mehr als 1 Million Amerikaner länger als 7 Jahre Beruhigungsmittel eingenommen haben – und deshalb Hirnschäden haben könnten.
Ich glaube, niemand weiß genau, welche Langzeitwirkungen die Benzodiazepine wahrscheinlich auf das Gehirngewebe haben. Aber Forschungsergebnisse, 1982 bei einem Kongreß der Psychopharmakologen in Jerusalem vorgetragen, weisen darauf hin, daß Benzodiazepine Einfluß auf das Gedächtnis haben können. Die Forschung hat beispielsweise ergeben, daß Freiwillige, die im Test Benzodiazepine nahmen, nicht in der Lage waren, sich an Telefonnummern und Einzelheiten von Straßenkarten zu erinnern.
Zusätzlich zu diesen Möglichkeiten, daß die Benzodiazepine Ihre Gehirnzellen schädigen und dem Denkprozeß ernsten physischen Schaden zufügen können, besteht auch noch das Risiko, daß diese Mittel psychologischen Schaden anrichten. So besteht beispielsweise die Gefahr, daß während der Einnahme dieser Medikamente Ihre gesamte Seelenlage dramatisch verändert wird. Es kann sein, daß Sie nicht mehr unter Angstzuständen und Depressionen leiden, während Sie unter dem Einfluß der Medikamente stehen. Aber gleichzeitig ist es möglich, daß Sie auch keine Freude mehr empfinden können. Sie können eine dumpfe, gleichgültige Haltung zum Leben entwickeln und für die Menschen Ihrer Umgebung langweilig und uninteressant werden. Als Folge dieser deutlichen Veränderungen in Ihrer Persönlichkeit können sich auch Ihre Beziehungen zu anderen Menschen verändern. Sie verlieren Freunde, Sie verlieren vielleicht den Arbeitsplatz, vielleicht zerbricht sogar Ihre Ehe.
Die Benzodiazepine können Ihre Denkfähigkeit beeinflussen und Ihre Freude am Leben einschränken. Sie können eine starke Wirkung auf Ihre Persönlichkeit und auf Ihre Beziehungen zu den Menschen in Ihrer engsten Umgebung haben.

Die Benzodiazepine und Gedächtnisleistung

1982 veröffentlichte die skandinavische Fachzeitschrift für Psychologie einen Artikel mit der Überschrift »Amnesiewirkungen von Diazepam«. Der Artikel der Dänen Hans Henrik Jensen von der Universität Aarhus und Jens Christian Poulsen von der Psychiatrischen Klinik in Aalborg beschreibt eine höchst bemerkenswerte Forschungsarbeit in bezug auf die Benzodiazepine.
Als Jensen und Poulsen mit ihrer Arbeit begannen, wußten sie, daß Diazepam zu Amnesie (Gedächtnisschwund) führen kann, und zwar im Zusammenhang mit den Ereignissen, die während der Einnahme des Medikaments geschehen. Diese Wirkung ist als sinnvoller Vorteil anzusehen, wenn man Patienten vor einer Operation ruhigstellen will. Die Forschung von Jensen und Poulsen richtete sich auf die Frage, wieweit Patienten, die langfristig mit diesem Medikament behandelt werden, auch von Amnesie betroffen sind.
Was sie herausfanden, war dieses: Wenn ein Patient Diazepam nimmt, kann er sich nicht an die Dinge erinnern, die er während der Einnahmezeit gelernt hat – es sei denn, er nimmt das Mittel wieder. Diese Entdeckung ist außerordentlich wichtig. Jensen und Poulsen weisen auf Folgendes hin: Wenn ein Patient lernt, mit dem Druck und seinen Problemen umzugehen, sich zu entspannen und mit dem Streß von außen fertig zu werden und in dieser Zeit Diazepam einnimmt, vergißt er alles Gelernte wieder, wenn das Medikament abgesetzt wird. Sobald er die Pillen nicht mehr nimmt, verschlechtert sich sein Gedächtnis so sehr, daß er nicht mehr weiß, was er über Entspannung gelernt hat.
Aber wenn er dann wieder anfängt, sein Diazepam zu nehmen, kehrt auch seine Erinnerung zurück. Er ist wieder in der Lage, sich zu entspannen, mit Belastungen fertig zu werden. Er wird sich gut und glücklich fühlen. Alles, was er darüber gelernt hat, wie man ohne Diazepam zurechtkommt, ist nur von Wert, wenn er Diazepam nimmt.
Eine fast ausweglose Situation.
Und es überrascht nicht, daß von Diazepam und den anderen Benzodiazepinen so schwer loszukommen ist!

Die Benzodiazepine und Angstzustände oder Depression

Diazepam und die anderen Benzodiazepine werden oft solchen Patienten verschrieben, die unter Angstzuständen und leichter Depression leiden. Es erstaunt daher, wenn man feststellt, daß die Benzodiazepine in Wirklichkeit diese Beschwerden *verursachen* können.

Ein Bericht – 1972 in *American Journal of Psychiatry* veröffentlicht und geschrieben von Lt. Cdr. Richard C. W. Hall, MC, USN, und Dr. Joy R. Joffe, die damals beide an der Johns Hopkins School of Medicine in Baltimore arbeiteten – beschreibt, wie bei 6 Patienten, die mit Diazepam behandelt wurden, ein ganzes Bündel von Beschwerden auftrat, darunter Zittern, angstvolle Vorahnungen, Schlaflosigkeit und Depression. Die Patienten waren vorher emotional stabil gewesen, und die plötzlich einsetzenden Beschwerden waren ziemlich ernst. Als man bei den Patienten das Diazepam absetzte, verschwanden auch die Beschwerden.

Andere Berichte haben die Vermutung bestätigt, daß die Benzodiazepine Angstzustände eher verursachen als heilen können. In den Niederlanden schrieb beispielsweise 1979 ein Psychiater einen Beitrag für eine holländische medizinische Fachzeitschrift; er berichtete von Patienten, die alle Benzodiazepine als Schlafmittel nahmen; bei ihnen hatten sich schwere Angstzustände und unerträgliche psychologische Veränderungen eingestellt. Nach dem Bericht gingen bei der Zeitschrift rund 600 weitere Klagen ähnlicher Art ein.

1982 berichtete ein Psychiater aus dem Royal Edinburgh Hospital in Edinburgh, daß 21 Patienten mittleren Alters, die Benzodiazepine mit sehr kurzer Halbwertzeit als Einschlafhilfe nahmen, langsam immer mehr Ängste entwickelten. Der Forschungsbericht wies darauf hin, daß selbst die Benzodiazepine, von denen man annimmt, daß sie nur sehr kurze Zeit im menschlichen Körper bleiben, auch hinterher noch diagnostizierbare Angstzustände hervorrufen können.

Was im Zusammenhang mit diesen Forschungsergebnissen wirklich besorgt stimmt, ist, daß der Zusammenhang zwischen der Einnahme von Benzodiazepinen und der Entwicklung von Angstzuständen von vielen verschreibenden Ärzten immer noch nicht gesehen wird, obwohl die Forschung ihn belegt hat. Es gibt viele praktische Ärzte und Ärzte an Krankenhäusern, die, wenn sie mit Patienten mit Angstzuständen zu tun haben, sofort ein Rezept für ein Benzodiazepin ausschreiben. Und wenn dann das Mittel nicht zu wirken scheint, wenn die Angstzustände immer größer und der Patient immer reizbarer wird, verschreiben sie einfach eine höhere Dosis.

Angesichts der Beweise, die jetzt vorliegen, ist das nur schwer zu erklären.

Zusätzlich gibt es Beweise, daß diese Medikamente auch Depressionen verursachen können. Es wurden mehrere Berichte dazu veröffentlicht, aber einer der ersten erschien 1968 in *Journal of the American Medical Association.* Die meisten der Patienten, um die es in dem Bericht ging, nahmen 3- bis 4mal täglich Diazepam in der normalen Dosis von 5 mg; aber die Autoren schrieben, daß die immer schlimmer werdenden Depressionen so schwer waren, daß 7 Patienten Selbstmordgedanken äußerten. 2 Patienten, heißt es, machten ernsthafte Selbstmordversuche, 2 brachten sich tatsächlich um.

5 dieser Patienten ließen 3 oder 4 Tage, nachdem das Diazepam abgesetzt worden war, deutliche Besserung erkennen.

Niemand weiß genau, warum ein Zusammenhang zwischen Benzodiazepinen und Depressionen bestehen sollte; aber könnte es vielleicht sein, daß Patienten, wenn sie ausschließlich in einer trüben, grauen Welt leben, in der sie betäubt und aller Lebensfreude beraubt sind, sehr leicht in Verzweiflung und Depressionen verfallen? Könnte es sein, daß die Benzodiazepine die Emotionen *zu* wirkungsvoll dämpfen?

Schließlich muß ich in diesem Abschnitt noch darauf hinweisen, daß jeder, der Diazepam (oder andere Benzodiazepine) in großen Mengen nimmt, in ernster Gefahr ist, auch wenn die Leute, die die Benzodiazepine gern einsetzen, behaupten, sie seien auch in großer Menge außerordentlich sicher.

Zu Beginn der siebziger Jahre starben allein in England und

Wales 16 Menschen, die Diazepam nahmen (entweder Selbstmord oder Unfalltod durch Vergiftung). Einem Bericht zufolge, der in *Journal of the Royal Society of Medicine* 1979 veröffentlicht wurde, werden jährlich 61 000 Menschen in Krankenhäuser eingeliefert, weil sie sich mit Beruhigungsmitteln, Schlaftabletten oder ähnlichen Pillen auf Rezept vergiftet haben.
Die uns vorliegenden Beweise deuten darauf hin, daß Benzodiazepine nicht für ängstliche, deprimierte oder selbstmordgefährdete Menschen geeignet sind.

Die Benzodiazepine und Aggression

Bei ihrer Einführung in die medizinische Behandlung Anfang der sechziger Jahre wurden Chlordiazepoxid und Diazepam öffentlich bejubelt, weil sie wilde Tiere beruhigen und zähmen konnten. Aufgrund dieser frühen Tierexperimente wurde angenommen, daß die Mittel eine ähnlich beruhigende Wirkung auf Menschen haben könnten.
Forschungen aus den sechziger Jahren stützten jedoch diese Hypothese nicht eindeutig. Es gab, um es milde auszudrücken, viel Verwirrung.
So verabreichte beispielsweise 1964 Kalina 52 Häftlingen Diazepam und berichtete im Anschluß daran, daß er gewalttätiges, zerstörerisches und asoziales Verhalten vollständig unter Kontrolle bekommen habe; doch Kelly und Giavold fanden schon 1960 heraus, daß Chlordiazepoxid genau die gegenteilige Wirkung hatte. Und während Gleser 1965 erklärte, daß Straftäter durch Chlordiazepoxid weniger aggressiv wurden, hatte Feldmann 1962 festgestellt, daß Diazepam nicht nur keinerlei günstige Wirkung auf die feindselige Haltung von Patienten hatte, sondern daß die Patienten in vielen Fällen noch feindseliger wurden.
Auch andere Forscher stellten fest, daß Benzodiazepine die Feindseligkeit, Aggressivität und Reizbarkeit zu steigern scheinen, weil nämlich die Patienten selbstbewußter als gewöhnlich werden.
Einer der Forscher, die sich mit der Frage der durch Benzodiaze-

pine verursachten Aggression befaßt hatte, war Alberto DiMascio von der Abteilung für geistige Gesundheit an der medizinischen Fakultät der Universität Boston/USA. 1975 veröffentlichte er in *Psychopharmalogica* einen Artikel unter der Überschrift »Die Wirkung der Benzodiazepine auf die Aggression. Linderung oder Steigerung?«, in dem er die widersprüchlichen Ergebnisse zusammenfaßte. Er vertrat die Ansicht, daß mehr Forschung notwendig sei, bevor die Ärzte sicher wissen könnten, ob das von ihnen verschriebene Benzodiazepin mehr oder weniger Aggressionen hervorruft.

Eine Zeitlang war das Thema, ob die Benzodiazepine eine Auswirkung auf die menschliche Aggression haben können oder nicht, Gegenstand einiger Kontroversen in medizinischen Fachzeitschriften. 1975 erschien beispielsweise in *British Medical Journal* ein Leitartikel unter der Überschrift »Beruhigungsmittel verursachen Aggressionen«. Darin wurde noch einmal an den Bericht zweier Autoren von 1960 in *The Lancet* erinnert, in dem von einem Patienten die Rede war, der Chlordiazepoxid einnahm und zum erstenmal in seiner 22jährigen Ehe seine Frau körperlich angegriffen hatte.

Es wurde auch darauf hingewiesen, daß die Leute, die unter Benzodiazepin aggressiv werden, wahrscheinlich unter Frustration leiden. Und der Autor des Leitartikels schloß: »Wenn diese Schlußfolgerungen richtig sind, dann liefern sie einen klaren Beweis dafür, daß die zunehmende Praxis, bei Angstzuständen und Spannungen – verursacht durch Frustrationen und gestörte zwischenmenschliche Beziehungen – leichtere Beruhigungsmittel zu verschreiben, gefährlich sein kann.«

Andere Ärzte haben dem zugestimmt. Es wurde beispielsweise darauf hingewiesen, daß es einen Zusammenhang zwischen dem Verprügeln von Kleinkindern und den Beruhigungsmitteln gibt. Junge Mütter, so heißt es, nehmen Benzodiazepine, weil sie mit den Anforderungen, die das Baby oder Kleinkind an sie stellt, nicht fertig werden. Aber die Anforderungen ändern sich nicht, die Lebensbedingungen auch nicht. Die Medikamente machen die Mutter noch aggressiver – und wenn das Kind wieder weint, wird es geschlagen.

Trotz dieser Beweise werden die Benzodiazepine immer noch an Menschen, die unter Druck stehen, verabreicht. Manche Aggressionen, die uns heutzutage so viele Sorgen machen, könnten durchaus die Folge der großzügigen Verschreibungspraxis der Ärzte sein.

Die Benzodiazepine und die älteren Menschen

Als Anfang der siebziger Jahre eine 75jährige Dame ins Krankenhaus von Newcastle upon Tyne eingeliefert wurde, konnte sie weder gehen noch deutlich sprechen, sie war verwirrt und konnte den Urin nicht halten – kurz, sie war in einem schrecklichen Zustand. Diese alte Dame hatte mindestens 1 Jahr lang jeden Abend eine 5-mg-Tablette Nitrazepam genommen.
Vielleicht in Erinnerung daran, daß sie in der Vergangenheit bemerkenswerte Erfolge bei ähnlich bedauernswerten Menschen hatten, indem sie einfach Bromtabletten oder Barbiturate absetzten, gaben die Ärzte im Allgemeinen Krankenhaus von Newcastle der alten Dame keine Schlaftabletten mehr. 3 Tage später war sie wieder ganz sie selbst.
Nach dieser und einer Reihe von ähnlichen Erfahrungen schrieben 2 Spezialisten der geriatrischen Abteilung des Krankenhauses von Newcastle einen Brief an das *British Medical Journal,* der im November 1972 veröffentlicht wurde. Sie wiesen darauf hin, daß »trotz gegenteiliger Behauptungen in Werbeschriften Nitrazepam als Schlafmittel für ältere Menschen besonders ungeeignet erscheint«. Sie berichteten, daß sie jeden Monat mindestens 6 oder 7 ähnliche Fälle erlebten, und regten an, dieses Medikament bei älteren Menschen nicht mehr einzusetzen.
Nach diesem Bericht veröffentlichten in den folgenden Jahren mehrere andere Zeitschriften Artikel, in denen ähnliche Geschichten berichtet wurden, und viele Fachärzte für Alterserkrankungen verordneten keine Benzodiazepine mehr.
Leider lesen praktische Ärzte offenbar selten Zeitschriftenartikel, sie bekommen den größten Teil ihrer Informationen von den Vertretern der Arzneimittelindustrie, aus der Werbung oder von

Kollegen, und so werden die Benzodiazepine auch weiterhin häufig für ältere Patienten verschrieben.
In den Zeitschriften werden weiterhin Berichte veröffentlicht, die dieselben Probleme beschreiben, wie diese beiden scharfsichtigen Geriater aus Newcastle upon Tyne sie schon 1972 geschildert hatten.

Die Benzodiazepine und Ihr Sexualleben

Es ist seit Jahrhunderten bekannt, daß Drogen wie Alkohol das sexuelle Verlangen steigern können, aber gleichzeitig eine negative Wirkung auf die sexuelle Leistungsfähigkeit haben. Alkohol kann Sie wild machen, aber er kann auch zur Folge haben, daß Sie in der Praxis leider kläglich versagen.
Es gibt Hinweise darauf, daß auch die Benzodiazepine ähnlich traurige Wirkungen haben können. Ich glaube, niemand kennt das Ausmaß solcher Zusammenhänge, und ich konnte natürlich auch keine Beweise dafür finden, daß Benzodiazepine irgendeine Wirkung auf das Gehirn oder auf die Wege haben, die die sexuellen Impulse vom Gehirn in die betreffenden Körperteile übermitteln.
Aber es kann natürlich möglich sein, daß die Depressionen, die manchmal durch die Benzodiazepine ausgelöst werden, auch das sexuelle Verlangen einschränken und die aktive Leistung mindern. Die betäubende Wirkung dieser Medikamente kann ein trauriges Ergebnis haben: Ein Mann berichtete beispielsweise, daß er Schwierigkeiten mit der Erektion hatte, als er Librium einnahm. Manchmal hatte er überhaupt keine Ejakulation, wie Patricia J. Bush in *Drugs, Alcohol and Sex* schreibt.

Die Benzodiazepine und Autofahren

Es wurden im Laufe der Jahre eine Reihe von Studien erstellt, die zeigten, daß es einen Zusammenhang zwischen der Einnahme von Benzodiazepinen und Verkehrsunfällen gibt.

Einer der eindrucksvollsten Berichte war der von Professor Doll, Dr. Skegg und Dr. Richard von der Universität Oxford, der 1979 in *British Medical Journal* veröffentlicht wurde. Skegg, Richard und Doll sahen sich die Krankenberichte von über 40 000 Leuten an; sie verglichen die von praktischen Ärzten verordneten Medikamente mit den Angaben über Verkehrsunfälle, Krankenhausaufenthalte und Todesfälle. Sie fanden eine »sehr bemerkenswerte Verbindung zwischen der Einnahme von leichteren Beruhigungsmitteln und dem Risiko schwerer Verkehrsunfälle«. Dic Gefahr, in einen schweren Verkehrsunfall verwickelt zu werden, ist, wenn Sie ein Benzodiazepin nehmen, 5mal größer als normal.

Eine weitere Untersuchung zeigte, daß Autofahrer, die abends ein Benzodiazepin als Einschlafhilfe nehmen, die Wirkungen immer noch spüren, wenn sie am nächsten Morgen wieder hinter dem Steuer sitzen.

Dutzende solcher Studien wurden weltweit erstellt, und Autoren in den Vereinigten Staaten, Finnland, Norwegen und Neuseeland haben bestätigt, daß es einen Zusammenhang zwischen Verkehrsunfällen und Medikamenten dieser Art gibt.

Auch aus Australien kommen einige deutliche Hinweise zu dem Thema. 1981 veröffentlichte das *Medical Journal of Australia* einen Artikel von Landauer, der behauptete, Leute, die Diazepam nehmen, brauchten dennoch nicht auf das Autofahren zu verzichten. Er führte an, daß Diazepam Ängste, Aggression und Depressionen abbaut und daß die Einnahme deshalb das Autofahren nicht ausschließen müsse. Im Januar 1982 veröffentlichte dieselbe Zeitschrift jedoch einen Artikel von R. F. Soames Job, einem Verhaltensforscher aus der Abteilung zur Erforschung von Verkehrsunfällen in Neusüdwales, Australien. Er widersprach Landauers Behauptungen und forderte, daß jeder, der das Medikament nimmt, ganz auf das Autofahren verzichtet, weil die Auswirkungen von Diazepam auf die Fahrtüchtigkeit stark sind.

R. F. Soames Job wies darauf hin, daß Autofahren unter Diazepam-Einfluß in Australien verboten ist. Das ist übrigens in vielen anderen Ländern genauso. Es wäre vermutlich schwer, eine entsprechende Vorschrift korrekt zu formulieren, aber ich halte es für richtig, daß jeder, der in seinen Reaktionen, seiner Muskelkoordination oder seinem geistigen Zustand durch ein Medikament beeinträchtigt ist, als »unter Einfluß« bezeichnet werden kann. Da es klare Beweise gibt, daß Diazepam die Reaktionen beeinträchtigt, könnte jeder Mensch, der nachweislich Diazepam im Blut hat, bestraft werden.

Dr. Heather Ashton, Beraterin in klinischer Pharmakologie bei der Gesundheitsbehörde Newcastle und Dozentin für Pharmakologie an der Universität Newcastle, weist in der Februar-Ausgabe 1983 des *Adverse Drug Reaction Bulletin* darauf hin, daß zwischen 11 und 20 % der in Verkehrsunfälle verwickelten Fahrer Beruhigungsmittel genommen hatten, daß die Benzodiazepine Fahrtüchtigkeit und Koordination einschränken und daß in mindestens einer kürzlich erschienenen Studie gefordert wurde, daß Berufsfahrer niemals Benzodiazepine einnehmen dürfen.

Bei all diesen Beweisen wird jetzt ganz deutlich, daß niemand, der irgendwelche Benzodiazepine nimmt, am Steuer *irgendeines* Fahrzeuges sitzen sollte, ob es nun ein Bus, ein Zug, ein Taxi, ein Privatwagen oder ein Motorrad ist.

Wo Millionen von Menschen Medikamente wie Valium nehmen und hinter dem Steuer sitzen, ist das Risiko für jeden einzelnen riesig. Die Anzahl der Menschen, die unter Medikamenteneinfluß fahren, ist vermutlich höher als die derer, die sich unter Alkoholeinfluß ans Steuer setzen. Es wirkt phantastisch und unerklärlich, daß wir Menschen am Autofahren hindern, wenn sie Alkohol getrunken haben, sie aber fahren lassen, wenn sie unter dem Einfluß von Benzodiazepinen stehen.

Aus meiner Sicht verhält sich jeder, der 48 Stunden nach der Einnahme von Benzodiazepinen auch noch fährt, unverantwortlich. Vielleicht sollten die Versicherungen nicht zahlen, wenn ein Fahrer nach der Einnahme von Benzodiazepinen einen Unfall baut. Dann würde sich auch in der öffentlichen Meinung etwas ändern.

Die Benzodiazepine und Unfälle am Arbeitsplatz und zu Hause

Die Benzodiazepine verlangsamen die Reaktion und sorgen für Benommenheit. Diese Wirkungen machen die Medikamente so gefährlich für einen Menschen, der sich demnächst ans Steuer setzen will.
Aber die Risiken sind nicht auf Autofahrer begrenzt. Jeder, der Maschinen bedient oder zu dessen Arbeit komplizierte, potentiell gefährliche Vorgänge gehören, muß zusätzliche Sorgfalt walten lassen, wenn er eines dieser Medikamente nimmt. Wenn Sie scharfe oder sich schnell bewegende Maschinen bedienen, wenn Sie Mixer benutzen, wenn Sie Essen kochen oder aufwärmen, wenn Sie Treppen steigen oder auf Leitern klettern müssen oder wenn Sie irgend etwas tun, bei dem Sie gezielte, sichere Bewegungen und gute Reflexe brauchen, dann sollten Sie ganz besonders vorsichtig sein, wenn Sie ein Benzodiazepin nehmen.
Wenn Sie häufig Unfälle haben, könnte das ein Hinweis sein, daß ein Medikament, das Sie einnehmen, Ihre Gesundheit, sogar Ihr Leben gefährdet.

Die Benzodiazepine und Ladendiebstahl

Wenn Sie je durch einen Supermarkt gegangen sind, irgend etwas in die Hand genommen und dann ganz in Gedanken in die Tasche gesteckt haben, dann wissen Sie, wie leicht es für einen unschuldigen Käufer ist, zum Ladendieb zu werden. Die vielen Tricks, die in den Supermärkten angewendet werden, damit der Kunde etwas in die Hand nimmt, das er eigentlich gar nicht kaufen will, funktionieren gut. Und wenn sie dann schließlich an der Kasse angekommen sind, sind viele Käufer in einem leichten Rausch.
Alle diese Probleme werden noch größer, und die Gefahren wachsen, wenn ein Käufer ein Benzodiazepin nimmt. Unter Drogen stehend und benommen, betäubt und vergeßlich, hat der Kunde um ein Vielfaches erhöhte Chancen, zum Ladendieb zu werden.

Jeder, der ein Benzodiazepin oder ein anderes Beruhigungsmittel oder Schlaftabletten einnimmt, sollte beim Einkaufen besonders vorsichtig sein. Versuchen Sie, das Geschäft so schnell wie möglich wieder zu verlassen. Und wenn es sich irgendwie einrichten läßt, gehen Sie nicht allein zum Einkaufen.

Die Benzodiazepine und Schwangerschaft

Es besteht Gefahr, daß Ihr ungeborenes Baby Schaden nimmt, wenn Sie während der Schwangerschaft ein Benzodiazepin schlucken. Wenn Sie ein Benzodiazepin am Beginn der Schwangerschaft nehmen, besteht das Risiko von Mißbildungen beim Baby. (Forschungen haben beispielsweise ergeben, daß mehr Babys mit Wolfsrachen von Frauen geboren werden, die in der Schwangerschaft Diazepam genommen haben.) Und wenn Sie am Ende der Schwangerschaft ein Benzodiazepin nehmen, besteht das Risiko, daß Ihr Baby nur schwer das Trauma der Geburt verarbeitet.

Die Benzodiazepine und Stillen

Obwohl manche Ärzte stillenden Müttern Benzodiazepine verschreiben, ist das möglicherweise gefährlich. Die Benzodiazepine können mit der Muttermilch an das Baby weitergegeben werden. Es liegen noch nicht genügend Beweise für bestehende Gefahren vor.
Im Januar 1983 wies *Drug and Therapeutics Bulletin* darauf hin, daß es »bei Einnahme von Benzodiazepinen in hoher Dosierung zu Benommenheit kommt und sich wenig Milch bildet«.

Die Benzodiazepine und Kaffee oder Tee

Die meisten von uns halten Koffein nicht für eine Droge. Es ist jedoch in Wirklichkeit ein recht wirkungsvolles Anregungsmittel

mit Auswirkungen auf viele Teile des menschlichen Körpers. Und es kommt natürlich in ziemlich großen Mengen in so gängigen Getränken wie Kaffee und Tee vor.
Viele Leute, die Tee oder Kaffee trinken (also regelmäßig Koffein aufnehmen), nehmen auch das eine oder andere Benzodiazepin. In jüngster Zeit haben sich die Ärzte über diesen gleichzeitigen Konsum von zwei ziemlich wirkungsvollen Drogen Gedanken gemacht, und sie haben herauszufinden versucht, welche Wechselwirkungen die beiden Drogen haben, wenn sie zusammen genommen werden.
Downing und Rickels vom Psychopharmakologischen Forschungs- und Behandlungszentrum, Abteilung Psychiatrie, an der Universität von Pennsylvania, Philadelphia, USA, haben berichtet, daß »bestimmte Substanzen in Kaffee und Tee die Synthese von Leberenzymen anregen, die für den Stoffwechsel der Benzodiazepine sorgen«.
In der Praxis hat es sich gezeigt, daß relativ kleine Mengen von Koffein (2 oder 3 Tassen Kaffee reichen aus) einer Dosis Benzodiazepin entgegenwirken können.
Mattila, Palva und Savolainen, Pharmakologen an der Universität Helsinki, haben in Experimenten mit Medizinstudenten gezeigt, daß die beruhigende Wirkung von Diazepam durch Koffein ausgesetzt wird (abgedruckt 1982 in *Medical Biology)*.
All das bedeutet, daß jeder, der Benzodiazepin nimmt und gleichzeitig mehr als 2 Tassen Kaffee oder Tee trinkt, wahrscheinlich die Benzodiazepindosis erhöhen muß, wenn er eine zufriedenstellende Wirkung erreichen will. Es bedeutet auch, daß die Belastung des Stoffwechsels wahrscheinlich hoch ist.
Der Vollständigkeit halber sollte vielleicht noch angemerkt werden, daß Downing und Rickels aufgezeigt haben, daß im Zigarettenrauch enthaltene Substanzen auch eine Wirkung auf den Stoffwechsel der Benzodiazepine haben können. Über die möglichen Folgen, wenn Zigaretten, Kaffee und Benzodiazepine zusammenkommen, mag man gar nicht nachdenken.

Die Benzodiazepine und andere Medikamente

Wie alle Medikamente funktionieren die Benzodiazepine, indem sie auf die Organe und Gewebe des Körpers einwirken. Die Hauptwirkung zielt auf das Gehirn, aber dorthin gelangen die Medikamente über den Blutkreislauf, können (und müssen) daher jeden Teil des Körpers erreichen.

Das bedeutet, daß die Gefahr einer unglücklichen, vielleicht sogar gefährlichen Wechselwirkung besteht, wenn Sie ein Benzodiazepin und ein anderes Medikament nehmen. Es ist unmöglich, hier alle potentiellen Gefahren aufzuzählen, aber ich führe im folgenden die wichtigsten Beispiele an, wo es zu Wechselwirkungen kommen kann.

Ich kann Ihnen nicht sagen, was genau passiert – in den meisten Fällen weiß das sowieso niemand –, aber Benzodiazepine und die folgenden Mittel vertragen sich nicht:

Alkohol
Barbiturate
Mittel gegen Magensäure
Cimetidin (Mittel gegen Geschwüre)
Diabetikermedikamente
Levadopa (bei der Parkinson-Krankheit)
Antidepressiva
Schilddrüsenmedikamente
Mittel gegen Epilepsie
Antikoagulans (Blutverdünner)
Antihistamine (bei allergischen Reaktionen)
Betäubungsmittel
Koffein (in Tee, Kaffee und Colagetränken)

Die Benzodiazepine und Krebs

Seit einigen Jahren schwelt eine Kontroverse darüber, ob Diazepam Krebs erregen kann oder nicht.

Der 1. Bericht, der wirklich Interesse erregte, erschien als Brief, den 1979 Horrobin, Ghayur und Karmali vom Klinischen Forschungsinstitut Montreal, Kanada, an den Chefredakteur von *The Lancet* schrieben. Sie berichteten, daß ihre Tierversuche ergeben hätten, daß Diazepam Eigenschaften haben könnte, die die Tumorbildung fördern. Mit anderen Worten: Es verursacht zwar nicht direkt Krebs, aber es könnte das Tumorwachstum bei Menschen fördern, die sowieso für Krebs anfällig sind.

Außerdem schrieben Horrobin, Ghayur und Karmali noch, daß ihnen die Zuschüsse für weitere Forschungen gestrichen worden seien. Nachdem Horrobin seine Entdeckungen öffentlich bekanntgegeben hatte, wurde er, wie er sagte, »zwangsweise von dem Forschungsplatz an der Universität Montreal entfernt«. Bei einer Versammlung der *American Association for the Advancement of Science* (einer Gesellschaft zur Förderung der Naturwissenschaften) wiederholte er 1981 seine Überlegungen, daß Diazepam mit Krebs Zusammenhänge haben könnte. Er verwies auf eine britische Studie, die einen Zusammenhang zwischen Krebs und Angstzuständen herstellte. Horrobin führte an, daß Frauen, bei denen sich Brustkrebs schneller entwickelt hatte, Diazepam genommen hatten, und er forderte, weitere Forschungen zu betreiben, um die Situation zu klären.

Seine Arbeit wurde nie abgeschlossen (obwohl andere Forscher unterstützende Beweise vorlegten), aber seine Hypothese wurde auch nie widerlegt.

So kann niemand mit Sicherheit sagen, ob die Benzodiazepine Krebs erregen. Es kann sein, daß Frauen, die unter Angstzuständen leiden und daher wahrscheinlich eher zu Beruhigungsmitteln greifen, auch krebsanfälliger sind. Es kann sein, daß Horrobins ursprünglicher Ansatz falsch war. Und daß auch die anderen Forscher falsch lagen. Es kann sein, daß Sie eher Krebs bekommen, wenn Sie diese Medikamente nehmen.

Niemand weiß das mit Sicherheit. Aber die Benzodiazepine sind immer noch die am häufigsten verschriebenen Medikamente auf der Welt.

Die Benzodiazepine und Ihre Leber

Im Mai 1982 erschien in Band 27, Nr. 5 von *Digestive Diseases and Sciences* ein Bericht, in dem darauf hingewiesen wurde, daß Diazepam Leberschäden verursachen kann. Autoren waren Dr. J. Tedasco und Dr. Luther R. Mills von der Abteilung Magen- und Darmerkrankungen in der Medizinischen Hochschule von Georgia, Augusta, USA, und von der Pathologischen Abteilung derselben Hochschule.
Was sie vorlegten, scheint mir ganz schlüssig zu beweisen, daß Diazepam unmittelbaren Leberschaden verursachen kann, wenn es in normaler Dosis geschluckt wird. Welche Schäden bei einer längeren Einnahme von Diazepam verursacht werden, ist nicht bekannt.
Tedasco und Mills waren so beeindruckt von ihrem Ergebnis, daß sie ihren Artikel mit der Anregung schlossen, daß »die weite Verbreitung des Medikaments es notwendig macht, die Leberwerte genauer zu überprüfen, wenn der Patient dieses Mittel nimmt«. In der Praxis bedeutet das, daß Patienten, die häufig Diazepam nehmen, regelmäßig die Leber untersuchen lassen sollten.

Verschiedene Nebenwirkungen

Patienten, die Benzodiazepine nehmen, und Ärzte, die sie verschreiben, haben von vielen anderen Nebenwirkungen berichtet. Niedriger Blutdruck, Sehstörungen, Darmbeschwerden, Hautausschlag, Blasenstörungen, Kopfschmerzen, Verwirrung, Benommenheit, Bluterkrankungen und allergische Reaktionen sind nur einige davon.
Zwischen Januar 1964 und Februar 1982 bekam das Komitee für Sicherheit von Arzneimitteln in London Berichte über mehr als hundert *verschiedene* Nebenwirkungen, von denen es hieß, sie stünden allein mit der Einnahme von Diazepam im Zusammenhang. Andere Benzodiazepine sorgen für eine eigene erschreckend eindrucksvolle Liste von Nebenwirkungen.

Die Auswirkungen der Benzodiazepine auf unsere Gesellschaft

In Europa und Amerika, eigentlich in der ganzen »zivilisierten Welt«, wurden eine Reihe von Untersuchungen angestellt, um herauszufinden, wie viele Menschen Beruhigungsmittel nehmen. Die Zahlen belegen im allgemeinen, daß etwa 10 % der männlichen und 15 % der weiblichen Bevölkerung sie ziemlich regelmäßig schlucken. In einigen Teilen der Welt liegen die Zahlen höher, selten sind sie niedriger. Der weltweite Umsatz von Benzodiazepinen geht jährlich in die Milliarden.

Ganz abgesehen von den Risiken für den einzelnen Konsumenten dieser Pillen und Kapseln, besteht meiner Meinung nach eine große Gefahr für unsere Gesellschaft. Menschen, die Benzodiazepine nehmen, werden betäubt und sind leicht beeinflußbar und formbar; sie neigen dazu, Dinge ohne Protest hinzunehmen, und zeigen wenig emotionale Reaktionen. Das bewirken die Benzodiazepine: Sie machen aus angstgequälten, sorgebelasteten Menschen die reinsten Trottel. Von den Medikamenten loszukommen ist schwierig, weil es bedeutet, daß der Mensch einer ganzen Reihe von erschreckenden und beunruhigenden Reizen ausgesetzt wird. Der Benzodiazepinkonsument wird abhängig, weil das Leben *mit* Valium bequem ist und keine Ansprüche stellt.

Der Zustand der Dinge paßt den Politikern und Bürokraten genauso in den Kram wie den Arzneimittelherstellern. Eine sanftmütige, anspruchslose Gesellschaft ist leicht zu manipulieren und zu verwalten.

Es läuft nicht ganz so, wie Orwell es voraussah, aber das Endergebnis ist dasselbe.

Wie gefährlich sind die Benzodiazepine?

Es ist schwierig, ganz genaue Angaben zu den Risikofaktoren zu machen, aber wenn ich mir die Tatsachen ansehe, glaube ich, wenn Sie eine Art Krücke brauchen, um besser durchs Leben zu kommen, und Sie die Wahl zwischen den Benzodiazepinen und

Tabak haben, dann sind Sie vermutlich besser dran, wenn Sie sich für den Tabak entscheiden.

Die Risiken im Zusammenhang mit Tabak sind in allen Einzelheiten von zahlreichen Fachleuten beschrieben und erklärt worden. Rauchen führt zu Krebs, Herzerkrankungen und Problemen mit den Atemwegen. Aber wenn Sie etwas brauchen, damit Sie mit dem Leben besser zurechtkommen, und Sie können zwischen einer Zigarette und einer Valiumtablette wählen, dann würde ich Ihnen die Zigarette empfehlen.

Ich glaube, daß die Ärzte manchen Patienten mit Angstzuständen besser helfen würden, wenn sie ihnen ein Rezept für Filterzigaretten statt für Benzodiazepine ausschreiben würden.

Leichtere Medikamente?

Wenn ihnen vorgeworfen wird, daß sie zu viele Benzodiazepine verschreiben, verteidigen sich viele Ärzte damit, daß sie die Medikamente dieser Gruppe als »leichtere Mittel« bezeichnen. Und diese Bezeichnung wird von vielen Leuten übernommen, als ob damit der Mißbrauch dieser Medikamente gerechtfertigt sei.

Die Wahrheit ist, daß die Benzodiazepine keineswegs in irgendeiner Beziehung »leichter« sind. Sie werden in großen Mengen verschrieben, sie haben bemerkenswerte Nebenwirkungen, und sie sind eine potentielle Gefahr.

Der Gebrauch dieser verniedlichenden Bezeichnung hat auch zum Mißbrauch der Mittel beigetragen.

Abhängigkeit und wie man davon loskommt

Wie Sie merken, daß Sie abhängig sind

Beantworten Sie die folgenden Fragen:

Haben Sie 3 Monate oder länger ein Benzodiazepin genommen? ja/nein

Mußten Sie die Dosis erhöhen, seit Sie zum erstenmal ein Benzodiazepin genommen haben? ja/nein

Hat Ihnen Ihr Arzt ein anderes Produkt eines anderen Herstellers verschrieben? ja/nein

Leiden Sie noch unter denselben Beschwerden, die Sie ursprünglich zu einem Benzodiazepin greifen ließen? ja/nein

Sind irgendwelche der ursprünglichen Beschwerden schlimmer geworden? ja/nein

Bekommen Sie Benzodiazepine auf Wiederholungsrezept? ja/nein

Leiden Sie ständig unter Benommenheit, Müdigkeit, Antriebslosigkeit oder Unruhe? ja/nein

Wenn Sie das Mittel nicht zu der üblichen Zeit regelmäßig einnehmen, treten dann ungewöhnliche Symptome auf? ja/nein

Müssen Sie Ihr Medikament immer bei sich haben? ja/nein

Werden Sie unruhig, wenn Ihr Vorrat zur Neige geht? ja/nein

Wenn Sie irgendeine dieser Fragen mit Ja beantwortet haben, *könnten* Sie von Valium (oder irgendeinem anderen Benzodiazepin) abhängig sein. Schränken Sie die Einnahme des Medikaments langsam und vorsichtig ein.

Warum Sie von der Abhängigkeit loskommen sollten

Manche Benzodiazepinsüchtigen behaupten, sie brauchten ihre Pillen, um mit dem Leben zurechtzukommen. Sie sagen, daß sie ohne Medikamente wie Valium nicht in der Lage wären, die Alltagsprobleme zu bewältigen, sie könnten nicht schlafen und sich nicht entspannen. Und als wichtigstes Argument führen sie an, daß sie und nur sie allein das Recht zur Entscheidung hätten, ob sie Valium, Librium oder sonstwas nehmen. Sie sagen, es sei *ihr* Leben, und sie könnten damit machen, was sie wollen.

Das sind natürlich die üblichen Argumente, die alle Süchtigen vortragen. Dasselbe behaupten Kaffeetrinker, Raucher, Alkoholiker, Heroinsüchtige, Kokainsüchtige und alle anderen, die von Drogen abhängig sind.

Die Wahrheit über die Benzodiazepine ist jedoch, daß sie nicht helfen, Schlaflosigkeit oder Angstzustände abzubauen, wenn sie über längere Zeit eingenommen werden. Zahlreiche Forschungen haben ergeben, daß keins der Medikamente aus dieser Gruppe länger als ein paar Wochen wirkt. Im Gegenteil, wenn sie über ein paar Wochen eingenommen wurden, neigen alle Benzodiazepine dazu, die Beschwerden zu steigern, deretwegen sie ursprünglich eingenommen wurden. Sie können diese Beschwerden sogar hervorrufen.

Wenn Sie loskommen von der Angewohnheit, wenn Sie die Benzodiazepine absetzen, wird das vermutlich dazu führen, daß genau die Beschwerden abklingen, gegen die Sie die Benzodiazepine genommen haben.

Wie Sie davon loskommen

Wenn Sie von einem Benzodiazepin abhängig sind, dann müssen Sie sich mit Sorgfalt und Vorsicht langsam entwöhnen. Lesen Sie die folgenden Anmerkungen aufmerksam durch, und legen Sie das Buch irgendwo griffbereit hin, damit Sie gleich nachlesen können, wenn irgend etwas nicht gut läuft.

1. Wenn Sie mit dem Benzodiazepin aufhören, können einige unangenehme Symptome auftreten. Am häufigsten sind diese:
   Zittern und Schüttelanfälle
   starke Angstzustände – manchmal ein Gefühl von Panik
   Schwächegefühl
   Unfähigkeit, einzuschlafen und die Nacht durchzuschlafen
   Unfähigkeit, sich richtig zu konzentrieren
   Übelkeit
   metallischer Geschmack im Mund
   Depression
   Kopfschmerzen
   Schwerfälligkeit oder schlechte Bewegungskoordination
   gesteigerte Empfindlichkeit gegen Lärm, Licht und Berührung
   Gefühl von Müdigkeit und Teilnahmslosigkeit
   Gefühl, »neben sich zu stehen«
   Sehstörungen
   Hitze- und Kälteaufwallungen, brennendes Gesicht
   Muskelschmerzen
   Unfähigkeit, normal zu sprechen
   Verwirrung
   Schweißausbrüche
   Launen

Es kann sein, daß Sie unter einem oder mehreren dieser Symptome leiden, wenn Sie Ihr Benzodiazepin nicht mehr nehmen. Die Beschwerden können im allgemeinen einen oder 2 Tage, nachdem Sie mit der Einnahme aufgehört haben, auftreten, und meistens dauern sie bis zu 3 Wochen.

2. Die Entzugserscheinungen können gelindert werden, wenn Sie die Dosis langsam verringern, so daß Ihr Körper sich daran gewöhnt, ohne das Medikament zu leben. In welchem Maß Sie die Dosis reduzieren, hängt davon ab, wieviel Sie genommen haben. Als Faustregel gilt, daß Sie die Menge alle 2 Wochen halbieren, bis nichts mehr zu halbieren ist.
   Wenn Sie beispielsweise jeden Abend 2 Tabletten nehmen, dann nehmen Sie 2 Wochen lang nur noch eine, halbieren Sie

diese 1 Tablette in den folgenden 2 Wochen, bis eine Halbierung nicht mehr möglich ist.
Wenn Sie täglich mehrere Tabletten nehmen, dann reduzieren Sie die Dosis langsamer. Wenn Sie beispielsweise täglich 6 Tabletten nehmen, dann nehmen Sie 4 Tage lang nur noch 5 Tabletten, dann 4 Tage lang nur noch 4, schließlich 4 Tage lang nur noch 3. Das bedeutet, daß Sie Ihre Anfangsdosis in etwa 2 Wochen halbiert haben.
Natürlich, je höher die Dosis ist, desto länger dauert die Entwöhnung.

3. Wenn Sie die Benzodiazepine ursprünglich genommen haben, weil Sie Angstzustände hatten, werden diese Symptome vermutlich wieder auftreten, wenn Sie keine Medikamente mehr nehmen. Wenn Sie die Benzodiazepine ursprünglich wegen Schlaflosigkeit genommen haben, werden Sie wahrscheinlich wieder Einschlafschwierigkeiten haben, wenn Sie keine Medikamente mehr nehmen.
   Benzodiazepine heilen gar nichts – sie überdecken nur die Symptome.
   Es ist also klar, daß Sie lernen müssen, mit den Angstzuständen oder der Schlaflosigkeit anders umzugehen, wenn Sie die Medikamente absetzen. Ich schlage vor, daß Sie erst einmal das nächste Kapitel lesen, bevor Sie mit dem Absetzen des Medikaments beginnen. Nach der Lektüre können Sie die Ratschläge in die Tat umsetzen.
4. Ihre Versuche, sich von dem Benzodiazepin zu entwöhnen, werden nicht erfolgreich sein, wenn Sie nicht wirklich ein Ende damit machen *wollen*. Die ersten paar Tage ohne das Medikament werden unbequem und unerfreulich sein.
   Wenn Sie jedoch ohne das Medikament auskommen *wollen*, dann *können* Sie es auch. Und hinterher werden Sie sich mit aller Wahrscheinlichkeit so gut fühlen, wie schon lange nicht mehr.
5. Nehmen Sie keine anderen Tabletten oder Medikamente, die Sie sich aus der Apotheke besorgen, um besser über die Zeit des Entzugs hinwegzukommen. Und lassen Sie sich auch nicht von wohlmeinenden Freunden Pillen geben, mit denen Sie die

schwierigen Tage angeblich besser verkraften. Nehmen Sie auch nicht Zuflucht zum Alkohol.

6. Sie sollten Ihre Familie und Ihre Freunde vorwarnen, daß Sie vermutlich ein paar schwierige Tage vor sich haben. Sagen Sie ihnen, was sie zu erwarten haben, und erklären Sie ihnen, daß Sie gern zusätzlich etwas Hilfe, Mitgefühl und Geduld von ihnen bekämen. Vielleicht ist unter Ihren Freunden ja jemand, der auch Benzodiazepine nimmt und davon loskommen möchte. Wenn Sie beide sich entschließen, gemeinsam die Medikamente aufzugeben, können Sie voneinander lernen. Rufen Sie sich gegenseitig an, bleiben Sie in Kontakt, teilen Sie sich Ihre Probleme mit, und halten Sie gemeinsam an Ihrem Entschluß fest.
7. Versuchen Sie nicht, die Benzodiazepine aufzugeben, wenn Sie gerade in einer besonders schwierigen Situation sind (wenn Sie beispielsweise umziehen oder ungewöhnliche Probleme am Arbeitsplatz haben). Warten Sie ab, bis die Dinge sich etwas geklärt haben, bevor Sie mit der Entwöhnung von den Tabletten beginnen.
8. Bevor Sie mit dem Entzug beginnen, sollten Sie zu Ihrem Arzt gehen und ihm sagen, was Sie vorhaben. Bitten Sie ihn um Hilfe.

Vorsicht

Wenn Sie versuchen, von den Benzodiazepinen loszukommen, werden Sie vermutlich voller Ängste stecken und sich elend fühlen. Es können andere Beschwerden auftreten, wie ich sie schon auf Seite 85 aufgeführt habe.

Wenn Sie dann zum Arzt gehen und ihm erzählen, daß sich diese Beschwerden eingestellt haben, seit Sie kein Beruhigungsmittel mehr nehmen, wird er Ihnen möglicherweise vorschlagen, die Tabletten wieder zu nehmen. Es kann sein, daß er Sie darauf hinweist, daß es Ihnen besser geht, wenn Sie das Mittel wieder schlucken, und daß Sie offensichtlich eine Hilfe brauchen. Wenn er seit 10 oder 20 Jahren keine medizinische Fachliteratur mehr

gelesen hat, wird er Ihnen vielleicht versichern, daß die Benzodiazepine ungefährlich sind und nicht abhängig machen.
Wenn Sie dann seinem Rat folgen, werden Sie vermutlich sofort Ihre Entzugserscheinungen und alle damit verbundenen Beschwerden los.
Aber Sie sind wieder bei den Benzodiazepinen gelandet. Und Sie werden wieder abhängig sein.

Leben mit Ängsten

Ohne Beruhigungsmittel zurechtkommen

Unsere moderne Lebensweise verursacht viel Streß und zahlreiche Belastungen, und täglich stellen Millionen von Menschen immer wieder fest, daß ihre Streßschwelle überschritten ist. Die Benzodiazepine haben zweifellos manchem von uns eine nützliche kurzfristige Lösung angeboten. Ohne diese Medikamente müssen wir uns nach anderen Antworten, anderen Lösungen umsehen.

In diesem Kapitel zeige ich einige der Methoden auf, die sich als wirkungsvoll erwiesen haben, wenn ich versuchte, Patienten beim Umgang mit Streß zu helfen. Sie brauchen sie nicht alle auszuprobieren. Aber lesen Sie die folgenden Seiten durch, machen Sie sich die Ratschläge zunutze, die Sie nicht unpraktisch oder ungeeignet finden. Und stellen Sie sich Ihr eigenes Überlebensprogramm zusammen.

Im 1. Kapitel habe ich die 7 tödlichen Antriebskräfte beschrieben, Belastungen und Zwänge, von denen ich glaube, daß sie zu Angstzuständen und Spannungen führen, die so oft verantwortlich sind, wenn zum erstenmal Hilfe bei Beruhigungsmitteln gesucht wird. Wenn Sie Kapitel 1 noch einmal lesen, sollten Sie erkennen können, welche Kräfte die größte Wirkung auf Ihr eigenes Leben haben, und hier auf den folgenden Seiten finden Sie Ratschläge, wie Sie mit jeder einzelnen dieser zerstörerischen Kräfte umgehen können. Sie müssen nur zuerst einmal herausfinden, welche Faktoren bei Ihnen Streß verursachen – und dann etwas dagegen tun.

Umgang mit Schuldgefühlen

1. Zuerst müssen Sie entscheiden, ob Sie Schuldgefühle haben, weil Sie etwas Falsches *getan* haben oder weil Sie *meinen,* Sie hätten etwas Falsches getan, vielleicht weil Sie einen nahestehenden Menschen im Stich gelassen oder die Erwartungen eines anderen enttäuscht haben.
2. Wenn Sie ganz eindeutig und offensichtlich etwas Falsches getan haben (einen geparkten Wagen beschädigt, einen Teller zerbrochen oder was auch immer), dann müssen Sie die Verantwortung dafür übernehmen, und mit diesem Verantwortungsbewußtsein müssen Sie jede mögliche Strafe akzeptieren.

   Wenn sich bei dieser praktischen Methode Ihre möglichen Schuldgefühle etwas abgebaut haben, dann können Sie aus dem Vorfall zu lernen versuchen. Wenn Sie beispielsweise einen kleinen Autounfall hatten, dann ist es vielleicht passiert, weil Sie zu spät dran und in Eile waren. Zukünftigen Problemen ähnlicher Art könnten Sie aus dem Weg gehen, wenn Sie nächstes Mal etwas früher starten. Wenn die Schuld leicht zu erkennen ist, läßt sich auch ziemlich leicht eine Lösung finden.
3. Wenn Ihre Schuldgefühle nicht durch ein klar erkennbares Vergehen oder Fehlverhalten hervorgerufen wurden, sondern durch ein etwas nebelhaftes Gefühl, irgendwie versagt zu haben, dann könnte es gut sein, daß eine andere Person die Schuldgefühle bei Ihnen ausgelöst hat. Da gibt es dann kein Falsch, das Sie wieder zu einem Richtig machen könnten, keinen Fehler, den Sie korrigieren könnten, und Sie haben auch keine Möglichkeit, aus der Erfahrung zu lernen.

   Diese Art von Schuldgefühl verursacht die meisten Qualen, und um damit wirksam umzugehen, müssen Sie die Ursache finden und isoliert betrachten. Versuchen Sie, genau festzustellen, warum Sie sich so schuldig fühlen. Haben Sie das Gefühl, daß Sie Ihre Eltern, einen Freund, Ihren Chef, Ihre Kinder oder Ihren Gott vernachlässigt haben? Bevor Sie beginnen können, sich mit Ihren Schuldgefühlen auseinanderzusetzen, müssen Sie die Ursache herausfinden und erkennen.

4. Viele Schuldgefühle, unter denen wir leiden, werden von Menschen hervorgerufen, die uns am nächsten stehen. Um sich selbst ein wenig zu schützen, müssen Sie zu differenzieren lernen zwischen den realistischen und vernünftigen Erwartungen, die nahestehende Menschen an Sie stellen, und den ganz selbstsüchtigen Erwartungen, die diese vielleicht hegen.
   Finden Sie die Personen heraus, die unvernünftige Anforderungen an Sie stellen, und machen Sie ihnen klar, daß Sie nicht bereit sind, ihnen Ihr Gewissen zur freien Verfügung zu stellen. Legen Sie Ihre eigenen Ziele, Ihre eigenen moralischen Maßstäbe und Ihre eigenen Grenzen für vernünftige Verantwortung fest, und dann machen Sie den Menschen in Ihrer Umgebung klar, daß Sie nicht bereit sind, sich jedesmal schuldig zu fühlen, wenn Sie die Hoffnungen und Erwartungen anderer Einzelpersonen oder Gruppen nicht erfüllen.
5. Stellen Sie an sich selbst nicht zu viele Anforderungen, und lassen Sie es auch nicht zu, daß andere zu viele Anforderungen an Sie stellen. Was auch immer Sie falsch gemacht haben und warum auch immer Sie sich schuldig fühlen, Sie sollten immer daran denken, daß Sie auch nur ein Mensch sind, und Menschen neigen nun einmal dazu, Fehler zu machen.
   Wenn Sie etwas getan haben, was zu wirklichen Schuldgefühlen berechtigt, dann sollten Sie alles tun, um den Schaden zu reparieren. Sie sollten Ihr Bestes geben, um sicherzustellen, daß Sie aus der Erfahrung lernen und nicht wieder Gefahr laufen, denselben Fehler noch einmal zu begehen. Das ist alles, was Sie – und andere – erwarten können.
6. Wenn Sie merken, daß Sie sich selbst ständig und unvernünftig für etwas bestrafen, was Sie getan haben, dann versuchen Sie sich vorzustellen, was Sie empfinden würden, wenn eine andere Person diese vermeintlich strafwürdige Tat begangen hätte. Versuchen Sie, sich als unbeteiligten Beobachter zu sehen. Wären Sie gegen einen anderen Menschen ebenso hart wie gegen sich selbst? Würden Sie ihm verzeihen? Mitgefühl

und Nächstenliebe sollten zu Hause beginnen. Seien Sie fair zu sich selbst.

7. Lassen Sie sich nichts von Menschen gefallen, die Ihnen dauernd Schuldgefühle einimpfen. Machen Sie ihnen klar, daß Sie nicht bereit sind, ihre Anforderungen an Ihr Gewissen hinzunehmen. Jeder, der Ihnen ständig Schuldgefühle vermittelt, ist dumm, anmaßend, egoistisch oder böse. Niemand hat das Recht, andere leiden zu lassen, und ein Ihnen nahestehender Mensch, der Sie ständig unter Schuldgefühlen leiden läßt, verdient Ihre Freundschaft nicht.
8. Versuchen Sie, Ihre Schuld in größere Zusammenhänge zu stellen. Werden die Schuldgefühle in 10 Jahren noch gerechtfertigt sein? Wird Ihr schlechtes Handeln dann immer noch so tiefschwarz aussehen? Versuchen Sie sich vorzustellen, wie wichtig Ihr Fehlverhalten in einem Jahrzehnt noch sein wird. Versuchen Sie sich auch vorzustellen, welche Rolle es in Ihrem Leben und dem der nahestehenden Menschen gespielt haben wird.
   Dieser Test ist oft sehr aufschlußreich. Sie werden erstaunt sein, wie oft Dinge, die außerordentlich wichtig zu sein scheinen, sich als verhältnismäßig belanglos herausstellen.
9. Für andere Menschen sind Sie Mutter, Ehefrau, Freundin, Angestellter, Chef, Tochter, Krankenschwester, Helfer oder Freund. Aber vergessen Sie nie, daß Sie als Individuum auch Rechte haben. Für andere Menschen mögen Sie eine bestimmte Rolle in deren Leben spielen, aber das darf nicht zur Kollision mit Ihrem eigenen Recht, das Leben zu genießen, führen.
   Sie haben ein Recht auf eigene Freiheit. Sie haben ein Recht darauf, ein paar Entscheidungen zu treffen, ohne dabei immer an andere Menschen zu denken. Sie haben das Recht, von anderen zu erwarten, daß sie Sie als einen Menschen mit Gefühlen, Empfindungen, Bedürfnissen und Wünschen behandeln.
   Um erfolgreich mit den Schuldgefühlen umzugehen, müssen Sie das richtige Gleichgewicht finden zwischen Ihren Verantwortlichkeiten, Ihrem Gewissen, Ihrer Liebe zu nahestehen-

den Menschen, Ihrer Bereitschaft, Freude zu schenken, und Ihren eigenen Rechten und Verantwortlichkeiten als eigenständiger Mensch.
Wenn Sie zu den Menschen gehören, die sehr oft unter Schuldgefühlen leiden, dann sind Sie vermutlich auch ein Mensch, der seinen eigenen Gefühlen nicht allzuviel Beachtung zukommen läßt. Lassen Sie nicht zu, daß Ihre Persönlichkeit erstickt wird durch Schuldgefühle, die andere bei Ihnen auslösen.

10. Unterschätzen und unterbewerten Sie sich nicht selbst. Wenn Sie ein Mensch sind, der viel unter Schuldgefühlen leidet, dann haben Sie vermutlich auch viel, auf das Sie stolz sein können. Menschen mit Schuldgefühlen sind häufig ehrlich, fleißig, großzügig, sanft und gewissenhaft. Setzen Sie sich mit Bleistift und Papier hin, und schreiben Sie alle Ihre guten Seiten auf. Seien Sie nicht bescheiden. Stellen Sie sich vor, daß Sie Ihren eigenen Nachruf schreiben, und schon werden Sie alle Ihre guten Seiten herauskehren. Dann schreiben Sie alle schlechten Seiten auf. Wenn Sie sich selbst gegenüber ehrlich und fair gewesen sind, werden Sie mit größter Wahrscheinlichkeit feststellen, daß das Positive bei Ihnen überwiegt.
Seien Sie also ein bißchen stolz auf sich selbst. Wahrscheinlich spricht viel mehr für Sie, als Sie je gemerkt haben. Vielleicht wäre es von Vorteil, wenn Sie von Zeit zu Zeit ein wenig egoistischer wären.

Umgang mit Langeweile

1. Wenn Ihre Arbeit, ganz gleich, ob in der Fabrik oder zu Hause, Ihnen langweilig vorkommt, versuchen Sie neue Wege zu entdecken, die sie interessanter macht. Wenn zur Arbeit eine Reihe von Routineaufgaben gehört, versuchen Sie, Mittel zu finden, mit denen diese Aufgaben beschleunigt oder vereinfacht werden könnten. Überlegen Sie sich Methoden, mit denen die Produktivität gesteigert werden oder die Qualität des Produkts verbessert werden könnte. Das kann für das Fließband und für das Staubwischen gleichermaßen gelten.
2. Wenn Sie bei der täglichen Arbeit mit irgendwelchen Maschi-

nen zu tun haben, versuchen Sie alles, um herauszufinden, wie die Maschine funktioniert. Lesen Sie die Bedienungsanleitungen durch. Schreiben Sie eventuell an den Hersteller, und bitten Sie um weitere Informationen oder Einzelangaben, die Sie nicht finden können.

Wenn Sie eine Maschine beherrschen, wird sie Ihr Diener, nicht Ihr Alptraum. Vielleicht können Sie die Maschine bei Kleinigkeiten selbst reparieren. Sie wissen, wovon Monteure und Mechaniker reden, wenn sie sich in ihrem Fachchinesisch verständigen. Und schon werden Sie Ihre tägliche Arbeit nicht mehr so langweilig finden.

3. Selbst wenn ein Job hoffnungslos langweilig ist, können Sie Aufregung und Spaß in Ihr Leben bringen, indem Sie sich ein lohnendes Hobby zulegen. Es ist egal, ob Sie im Garten arbeiten, Kanarienvögel züchten, aus alten Joghurtbechern den Eiffelturm nachbauen oder Bierdeckel an die Garagenwand kleben, wichtig ist, daß Sie etwas tun, worauf Sie stolz sein können. Tun Sie etwas, bei dem Sie eine gewisse Meisterschaft entwickeln können.
4. Wenn Sie keine Arbeit haben und auch kein Geld, um sich selbständig zu machen, können Sie dennoch etwas gegen die Langeweile tun, indem Sie ein kleines, kostengünstiges Kleinunternehmen starten. Fenster putzen, Rasen mähen, Gartenarbeit, Putzen im Haushalt, Botengänge erledigen – das sind nur einige der Möglichkeiten, ein geschäftliches Abenteuer zu beginnen. Keiner, der ein neues Geschäft in Gang bringen muß, wird sich auf Dauer langweilen.
5. Die höhere Lebenserwartung bedeutet, daß Sie nach der Pensionierung vermutlich noch 10, 20 oder 30 Jahre vor sich haben. Wenn Sie das Rentnerdasein ohne Pläne, Hoffnungen, Ziele und Erwartungen beginnen, dann werden Sie sich schnell langweilen. Sie müssen für diese Zeit vorausplanen – schon Jahre, bevor Sie aufhören zu arbeiten. Vielleicht können Sie ja für ein oder 2 Jahre nach der Pensionierung noch einen kleinen Teilzeitjob bekommen. Wenn Sie eine gute Rente haben und Geld nicht zum Problem wird, dann sehen Sie sich doch nach einer Gruppe oder Institution um, in der

Ihre ehrenamtliche Mitarbeit sinnvoll und nützlich wäre. Und nehmen Sie Ihre Hobbys mal genauer unter die Lupe – werden Sie Spaß daran haben, sich länger mit ihnen zu beschäftigen? Oder werden Sie neue Hobbys und neue Interessen brauchen, um das Beste aus der Zeit nach der Pensionierung zu machen?

Umgang mit Eitelkeit

1. Wenn Sie stark unter einem Gefühl geistiger oder körperlicher Unzulänglichkeit und Unterlegenheit leiden, sollten Sie eine Liste von all Ihren geistigen und körperlichen Eigenschaften aufstellen. Schreiben Sie einfach alle Ihre guten Punkte auf. Ob Sie groß oder klein, untersetzt oder mager sind, es gibt immer gute Punkte, auf die Sie stolz sein können. Selbst wenn Sie wirklich Übergewicht haben, denken Sie daran, daß einige der attraktivsten Menschen der Weltgeschichte rundlich waren. Rubens malte nie magere Mädchen, und nur wenige der jungen Frauen im *Playboy* sind mager genug, um als Mannequins arbeiten zu können. Denken Sie an die geistigen Gaben und Fachkenntnisse, über die Sie verfügen; und schreiben Sie eine Bewerbung, in der Sie Ihre Vorzüge anpreisen. Denken Sie an die Liste – und an die Vorzüge –, wenn Sie sich nächstes Mal klein und minderwertig fühlen.
2. Wenn Sie sich übermäßig Gedanken über Ihre äußere Erscheinung machen und ständig in Versuchung sind, für Kleidung, Friseur usw. mehr Geld auszugeben, als Sie sich eigentlich leisten können, versuchen Sie sich einmal so zu betrachten, wie andere Sie sehen.
   Blicken Sie wirklich auf jemanden von oben herab, der einen Pullover mit Stopfstelle trägt? Oder gehen Sie Leuten aus dem Weg, die nach der Mode des vergangenen Jahres gekleidet sind? Natürlich nicht! Warum also sollten andere Sie wegen solcher Mängel schief angucken?
   In Wahrheit werden Ihre Vorstellungen von dem, was andere von Ihnen erwarten, nicht von der Wirklichkeit, bestimmt, sondern von der Werbung. Wenn Sie das Gefühl haben, Sie müßten einen alten Anzug wegwerfen und einen neuen kau-

fen, nur weil der Schnitt etwas unmodern ist, dann reagieren Sie auf den Druck, den kommerzielle Institutionen absichtlich auf Sie ausüben, damit Sie sich von Ihrem Geld trennen. Ihre Eitelkeit wird nicht vom gesunden Menschenverstand ausgelöst, sondern von falschen Ängsten, hervorgerufen durch eine geschickte Werbung.

3. Wenn Sie sich schämen, weil Sie auf einem bestimmten Gebiet nichts wissen, dann gibt es eine einfache Hilfe – machen Sie doch mal ein paar Schularbeiten.
   Wenn Sie sich schämen, daß Sie nichts über klassische Musik wissen, dann lernen Sie doch mit Büchern und Schallplatten, was Sie wissen müssen. Wenn Sie meinen, daß Sie mehr über internationale Politik wissen sollten, dann fangen Sie an, die Zeitungen und Zeitschriften aufmerksamer zu lesen.
   Wenn Sie erst einmal sicher sind, daß Sie Ihr Unwissen abgebaut haben, dann haben Sie auch nicht mehr soviel Angst davor, daß Ihr Stolz verletzt werden könnte.
4. Versuchen Sie andere Leute zu ermuntern, Sie so hinzunehmen, wie Sie sind. Und nehmen Sie sich selbst nicht so ernst. Wenn Sie einen Witz nicht verstehen, geben Sie es zu. Wenn Sie auf einer Party feststellen, daß ein anderer Gast die gleiche Kleidung wie Sie trägt, versuchen Sie die lustige Seite dabei zu sehen – und nutzen Sie die Gelegenheit, eine neue Freundschaft zu schließen. Legen Sie Ihre Eitelkeiten ab, und Sie werden mehr Spaß am Leben haben. Wahrscheinlich werden Sie auch feststellen, daß andere Menschen Sie wegen Ihrer Ehrlichkeit respektieren und bewundern.

Umgang mit Frustration

1. Versuchen Sie die Zahl der Menschen zu verringern, von denen Sie abhängig sind. Und versuchen Sie auch die Anzahl der Gelegenheiten zu verringern, bei denen Sie Fachleute zu Rate ziehen müssen. Wenn Sie das tun, sparen Sie viel frustrierende Wartezeit.
   Eignen Sie sich Kenntnisse über häusliche Krankenpflege und Erste Hilfe an. Lernen Sie, wie man kleine elektrische Geräte repariert. Verschaffen Sie sich ein paar Grundkenntnisse der

Installation, so daß Sie tropfende Wasserhähne selbst reparieren können. Lernen Sie, wie man kleinere Autoreparaturen selbst macht. Die meisten Defekte werden durch verhältnismäßig kleine Störungen verursacht, mit denen auch ein etwas ungeschickter Laie fertig werden kann.

2. Haben Sie keine Angst, sich gehenzulassen, wenn Sie merken, daß Sie immer frustrierter werden. Wenn Sie spüren, daß Wut und Zorn aufsteigen und Sie am liebsten schreien und kreischen möchten, dann gehen Sie an einen einigermaßen ruhigen, abgelegenen Ort und tun sie genau das. Noch besser wäre, wenn Sie irgendwo einen Stapel alter Teller stehen hätten; dann könnten Sie einen oder zwei zerschmeißen, wenn Sie so richtig gereizt sind. Oder legen Sie sich einen Punchingball zu, wie ihn die Boxer beim Training benutzen. Ein Spaten und ein Stück Garten zum Umgraben tun es auch. Oder ein Teppichklopfer. Oder widmen Sie sich einer sportlichen Betätigung, bei der Sie sich körperlich sehr verausgaben müssen.
3. Beschweren Sie sich, wenn Sie irgend etwas gekauft haben, das sich dann als fehlerhaft herausstellt. Finden Sie sich nicht damit ab, daß Sie Fehlerhaftes hinnehmen müssen, nur weil Sie nicht gern eine Szene machen. Verschaffen Sie sich Gehör, und wenn Sie etwas gekauft haben und dann enttäuscht davon sind, lassen Sie sich von der Verkäuferin nicht mit dem Versprechen abspeisen, daß sie es an den Hersteller zurückschicken wird. Die Verantwortung Ihnen gegenüber liegt beim Verkäufer, nicht beim Hersteller. Bitten Sie um Ersatz oder Rückzahlung der Kaufsumme.
4. Wenn Sie etwas Kompliziertes vor sich haben (einen Umzug beispielsweise), stellen Sie eine Liste von all den Dingen auf, die erledigt werden müssen. Und dann gehen Sie die Liste durch und überprüfen, wo etwas schiefgehen könnte. Versuchen Sie, mit all den denkbaren Komplikationen fertig zu werden, bevor sie wirklich eintreten. Machen Sie gar nicht erst Pläne, die sofort in sich zusammenbrechen, wenn jemand anderes Sie im Stich läßt. Wenn Sie auf andere Leute wirklich nicht verzichten können, planen Sie Zeitreserven ein, damit

eventuelle Patzer ausgebügelt werden können. Und dann erinnern Sie alle Beteiligten mehrfach an die Aufgaben, die auf sie zukommen.
Das Leben ist zweifellos kompliziert, und das ist wohl auch nicht zu ändern. Aber die Aufstellung von Listen kann Ihnen vieles erleichtern und Ihnen die Zeit und die Freiheit geben, die fröhlichen Seiten mehr zu genießen.

5. Lassen Sie es nicht zu, daß Ihnen bei der nächsten Krise oder beim nächsten Streik irgend etwas ausgeht. Halten Sie Kerzen in Reserve. Sorgen Sie auch für eine zusätzliche Heizmöglichkeit. Wenn Sie einen Elektroherd haben, sollten Sie sich vielleicht auch einen kleinen Gaskocher zulegen. Wenn Sie mit Gas kochen, könnte eine zusätzliche elektrische Kochplatte nicht schaden. Wenn es dann zu Strom- oder Gasausfall kommt, sind Sie relativ unabhängig.
Legen Sie sich ein paar Lebensmittelvorräte an. Sorgen Sie in allen Lebensbereichen vor, in denen es durch äußere Einflüsse zu Engpässen kommen könnte.

Umgang mit Ehrgeiz

1. Versuchen Sie genau zu bestimmen, wo Ihr Ehrgeiz liegt, legen Sie fest, welche Lebensbereiche sehr ernst genommen werden müssen und welche nicht ganz so wichtig sind. Lassen Sie Ihren Ehrgeiz nicht auf alle Aktivitäten übergreifen, sonst werden Sie bald innerlich ausbrennen.
Wenn Sie beispielsweise Ihre Arbeit sehr ernst nehmen, versuchen Sie, sich in der Freizeit zu entspannen. Sie können nicht gleichzeitig der beste Vertreter für Computersysteme und der beste Golfer sein. Treffen Sie eine Wahl, welche Aktivitäten ernst genommen werden müssen und welchen Sie einfach aus Spaß nachgehen.
2. Lassen Sie nicht zu, daß andere Menschen Ihren Ehrgeiz manipulieren. Sonst stellen Sie vermutlich bald fest, daß Sie um die Verwirklichung von Plänen und Hoffnungen kämpfen, denen Sie gar nicht gewachsen sind. Ehrgeiz ist etwas sehr Persönliches – oder sollte es doch zumindest sein. Nur Sie allein wissen genau, was Sie vom Leben haben wollen und wie Sie

Ihre Ziele erreichen können. Wenn Sie Ihr Leben damit verbringen, um die Erfüllung von anderer Leute Ehrgeiz zu kämpfen, werden Sie vermutlich scheitern.

3. Denken Sie daran, daß Sie nicht dauernd arbeiten können. So groß Ihr Ehrgeiz auch sein mag und wie stark das Feuer auch in Ihnen brennt, Sie müssen sich von Zeit zu Zeit entspannen. Wenn Sie sich nicht entspannen, werden Sie müde und können nichts mehr leisten. Nehmen Sie sich Freizeit, und vergessen Sie einfach Ihre Probleme und Sorgen.
   Jeder Selbständige sollte mindestens einen halben Tag in der Woche Zeit für etwas haben, das nichts mit der üblichen Arbeit zu tun hat. Dieser halbe Tag sollte geheiligt sein. Er sollte mit irgendeinem völlig nutzlosen Zeitvertreib regelrecht verschwendet werden.
4. Versuchen Sie sich klar zu werden, was Sie vom Leben haben wollen, und setzen Sie Schwerpunkte. Ruhm? Geld? Ansehen? Familienglück? Erfolg in der Wissenschaft? Sie müssen sich selbst gegenüber ehrlich sein. Und wenn Sie versuchen, ehrgeizige Ziele zu erreichen, die einander entgegengesetzt sind, dann können Sie sich leicht (schmerzhaft) zwischen alle Stühle setzen. Ehrgeizige Ziele kollidieren manchmal, und wenn Sie selbst keine klaren Prioritäten gesetzt haben, dann haben Sie immer wieder mit diesen Widersprüchen zu kämpfen.
5. Beobachten Sie sich so genau, daß Sie merken, wann Sie sich zuviel abverlangt haben. Im Leben jedes ehrgeizigen Menschen gibt es Zeiten, zu denen der Druck eine schädliche Wirkung auszuüben beginnt. Jeder reagiert anders auf Streß und Druck, beobachten Sie also Ihre eigenen Reaktionen. Es kann sein, daß Sie Verdauungsprobleme, Druck auf der Brust oder Atemnot bekommen, wenn Sie sich überfordert haben. Was für Beschwerden auch auftreten mögen, sie sind ein Hinweis darauf, daß Sie mal eine Weile etwas zurückschalten sollten. Nehmen Sie die Dinge etwas leichter. Oder machen Sie vielleicht sogar 1 oder 2 Wochen Urlaub.
6. Sie müssen in der Lage sein, sich zu entspannen – geistig und körperlich –, wenn Sie sehr ehrgeizig sind. Sie müssen ler-

nen, wie man sich wirkungsvoll entspannt, so daß Sie das nächste Mal, wenn Sie unter Druck geraten, Ihre Batterien bewußt aufladen können. Es hat keinen Sinn, Entspannung zu lernen, wenn der Streß schon da ist – dann ist es zu spät.

Umgang mit Angst

1. Sie müssen Ihre Ängste sehen und kennen und sich ihnen stellen. Das Gespenst im Dunkeln ist viel gefährlicher als die Angst, die Sie in Ruhe analysieren, prüfen und untersuchen können. Finden Sie also heraus, was genau Ihnen Sorgen macht. Schreiben Sie Ihre Ängste auf.
2. Was immer Sie auch ängstigen mag, versuchen Sie, soviel wie möglich darüber zu erfahren. Wenn Sie Angst vor dem Fliegen haben, dann lesen Sie Bücher über Flugzeuge und das Fliegen. Wenn Sie Angst vorm Donner haben, informieren Sie sich, was bei Donner passiert. Wenn Sie Angst vor Spinnen haben, lesen Sie Bücher über Spinnen. Ängste basieren oft auf Mythen, Aberglauben und Halbwahrheiten. Lernen Sie mehr über den Bereich, der Ihre Alpträume auslöst, und dann kann es sehr wohl passieren, daß Ihre Ängste nach und nach verschwinden.
3. Werden Sie ein wenig skeptisch, wenn Experten Ihnen erzählen wollen, was gut oder was schlecht für Sie ist und was mit der Welt passieren wird. Wenn Sie alles glauben, was Sie hören und lesen, dann sind Sie vor Kummer und Sorgen bald im Grab. Hören Sie nicht auf Weltuntergangspropheten, bevor Sie nicht auch die Argumente der Gegenseite kennen. Lesen Sie Bücher über Geschichte, und Sie werden bald entdecken, daß die Dinge sich selten so entwickelt haben, wie Politiker, Ökonomen und Philosophen es sorgfältig geplant hatten. Das Leben hat immer noch eine oder zwei Überraschungen bereit, und zwar da, wo man es am allerwenigsten erwartet hätte.
4. Wenn Sie sich oft Sorgen um Ihre Gesundheit machen, stellen Sie eine Liste mit all Ihren speziellen Ängsten zusammen – und dann überlegen Sie, wo Sie etwas tun können.
   Wenn Sie beispielsweise Herzerkrankung oder Krebs auf die

Liste geschrieben haben, dann können Sie das Risiko einer Erkrankung einschränken, indem Sie auf Ihre Ernährung, Ihre Lebensweise und Ihre Gewohnheiten beim Rauchen achten. Finden Sie alle bekannten Faktoren heraus, die mit Ihren Ängsten zusammenhängen, und dann entscheiden Sie, ob Sie Ihr Leben ändern und Ihre Ängste abbauen wollen, oder ob Sie alles so lassen, wie es ist, und sich mit den Ängsten eben abfinden.
Ihre Ängste werden auf diese Weise nicht wie durch Zauber verschwinden, aber Sie stellen sie in einen größeren Zusammenhang.

5. Wenn Sie eine klar erkennbare Sorge wegen Ihrer Gesundheit haben, holen Sie sich schnell ärztlichen Rat. Die Frau, die denkt, sie könne vielleicht einen Knoten in der Brust haben, und sich sorgt, daß es Krebs im Frühstadium sein könnte, leidet wahnsinnig unter ihren Ängsten. Der Mann, der denkt, die Schmerzen in der Brust könnten auf eine Herzerkrankung hindeuten, stirbt tausend Tode, während er darauf wartet, daß ein Infarkt seinem Leben ein Ende setzt.
Beide würden weit weniger leiden, wenn sie sofort Hilfe suchen würden. (Und außerdem erhöht eine Früherkennung die Aussichten auf schnelle, wirkungsvolle Behandlung und dauerhafte Heilung.)
6. Wenn Sie etwas hören, was Sie ängstigt, versuchen Sie immer, soviel wie möglich über diese Sache in Erfahrung zu bringen, sammeln Sie Informationen. Kommerzielle Unternehmen versuchen oft, ihre Produkte zu verkaufen, indem sie bei den Menschen Angst auslösen. Fragen Sie sich also, ob es da jemand absichtlich darauf anlegt, Sie zu ängstigen, damit er an Ihnen verdienen kann.

Umgang mit Lust

1. Lassen Sie Ihr eigenes Sexualleben nicht von den Ansprüchen, Erwartungen, Wünschen und angeblichen sexuellen Aktivitäten eines anderen Menschen bestimmen. Geben Sie natürlichen Regungen nach, und zwar zur richtigen Zeit und mit den Menschen, in deren Gegenwart Sie sich gut fühlen.

Wenn Sie ständig darum kämpfen, der angeblichen gesellschaftlichen Norm zu entsprechen, werden Sie unendlich unter Zweifeln, Mißtrauen, Angst und Minderwertigkeitsgefühlen leiden.

2. Denken Sie daran, daß alles, was natürlich und angenehm ist, auch akzeptabel ist – solange es für alle Beteiligten natürlich und angenehm ist.
3. Lassen Sie sich nicht von kommerziellen Unternehmen dazu verleiten, Hilfsmittel, Spezialausstattungen, Reizwäsche oder andere Dinge zu kaufen, durch die Sie eher verwirrt und verschüchtert werden oder bei denen Sie sich irgendwie unbehaglich fühlen.

   Manche Leute fahren einen Sportwagen, andere richtige Familienkutschen, wieder andere Geländewagen oder Luxuslimousinen. Kein Auto ist notwendigerweise besser als die anderen. Sie sind unterschiedlich, das ist alles. Dasselbe gilt für Sex. Die einen haben ein rasantes, wildes Sexualleben. Andere ziehen eine bequeme, stabile, feste Beziehung vor. Beides ist in Ordnung. Aber Sie sollten das Sexualleben wählen, das Sie bevorzugen – nicht das, von dem Sie *glauben,* daß Sie es bevorzugen sollten.
4. Wenn Sex eine relativ kleine, unbedeutende Rolle in Ihrem Leben spielt, wehren Sie sich gegen Schuldgefühle, wenn Sie mit Geschichten und Gerüchten über Leute konfrontiert werden, die an nichts anderes als Sex denken. Unterschiedliche Menschen haben einen unterschiedlichen Sexualtrieb, und für viele Leute ist vollkommene Abstinenz und Ehelosigkeit eine durchaus akezptable Lebensform.
5. Wenn Sie im Fernsehen ein Programm sehen, das Sie als eine sexuelle Beleidigung empfinden, stellen Sie es ab. Wenn man Ihnen ein Buch oder eine Zeitschrift vorlegt, und Sie finden das Produkt unerträglich pornographisch, weisen Sie es zurück. Wenn Sie eingeladen werden, sich einen Film anzusehen, in dem Sie brutale, geschmacklose Sexualität vermuten, lehnen Sie die Einladung ab.

   Wenn es Ihnen andererseits Spaß macht, anstößige Fernsehsendungen zu sehen, Pornos zu lesen oder Sexfilme anzuguk-

ken, dann gucken und lesen Sie ruhig nach Herzenslust.
Wie auch immer Ihr persönlicher Geschmack sein mag, Sie haben das Recht und die Freiheit, Ihren Neigungen privat und unauffällig nachzugehen.

6. Wenn Sie ständig durch verzweifelte sexuelle Wünsche gequält werden, die Ihre sexuellen Erfahrungsmöglichkeiten übersteigen, sollten Sie vielleicht darüber nachdenken, Ihr Leben anders zu ordnen, damit Ihre sexuellen Phantasien in Erfüllung gehen können. Wenn Sie Ihre sexuellen Wünsche ständig unterdrücken, können Sie durchaus krank werden. Es ist nicht immer möglich, einen machtvollen Sexualtrieb zu unterdrücken, und solange Ihre Phantasien nicht gefährlich, beleidigend oder ungesetzlich sind, sollten Sie vielleicht darüber nachdenken, wie Sie sie verwirklichen können.

Erkennen Sie die Frühwarnzeichen

Die meisten von uns haben einen Schwachpunkt. Wenn der Druck zu groß wird, stellen sich geistige oder körperliche Beschwerden ein, die uns sagen, daß wir zuviel tun, etwas zurückstecken müssen und uns etwas mehr entspannen sollten.
Diese Frühwarnzeichen zeigen an, daß Sie unter wirklichen Schäden zu leiden beginnen, weil Sie Streß ausgesetzt sind. Ihre Streßschwelle ist überschritten worden, und wenn Sie nicht ziemlich schnell etwas unternehmen, dann werden die Probleme nur noch größer.
Alle körperlichen und geistigen Beschwerden, die unter Streß deutlicher auftreten, sind frühe Warnzeichen. Nehmen Sie folgende Aufstellung als Richtlinie; Sie finden hier einige der häufigsten körperlichen und geistigen Warnzeichen.

Kopfschmerzen
Hautausschlag
Verdauungsbeschwerden
Schnaufen
Herzklopfen
Schmerzen in der Brust

Durchfall
Schlaflosigkeit
Erschöpfung
Überbewertung von Kleinigkeiten
unbeherrschtes Benehmen
Unfähigkeit, angefangene Arbeiten zu Ende zu führen
schwer kontrollierbare emotionale Reaktionen, beispielsweise häufiges Weinen
schlechtes Gedächtnis
Konzentrationsunfähigkeit
Unfähigkeit zur richtigen Entspannung
Empfindlichkeit gegen Lärm und andere Reize
Reizbarkeit
Willens- und Antriebsschwäche

Ob es auf dieser Liste steht oder nicht, wenn Sie Ihr Frühwarnzeichen einmal herausgefunden haben, müssen Sie es auch beachten. Wenn erkennbar ist, daß Ihr Frühwarnzeichen sich meldet, müssen Sie irgend etwas unternehmen – Sie müssen sich entspannen, ein bißchen kürzertreten, sich Freizeit gönnen und sich selbst die Möglichkeit zur Erholung geben. Wenn sich ein Frühwarnzeichen zeigt, versuchen Sie es am besten mit der Tagtraumtechnik, die auf Seite 112 beschrieben wird.

Lernen Sie, mit Angstzuständen oder Panikanfällen umzugehen

Manchmal scheinen die Ängste außer Kontrolle zu geraten. Wenn Sie je einen Panikanfall hatten, wissen Sie schon, was ich damit meine.

Die genauen Symptome sind unterschiedlich – Schmetterlinge im Magen, Herzklopfen, Kopfschmerzen, Unsicherheit, trockener Mund und Konzentrationsschwäche sind einige der häufigsten Anzeichen. Aber auch wenn die Symptome unterschiedlich sind, bekommen Sie sie am besten, einfachsten und wirkungsvollsten unter Kontrolle, wenn Sie so langsam und tief wie möglich atmen.

Atmen Sie richtig tief ein. Dann halten Sie den Atem so lange wie möglich an. Atmen Sie aus. Atmen Sie wieder ein. Halten Sie den Atem so lange wie möglich an. Machen Sie das einige Minuten lang. Dadurch läuft Ihr Körper auf niedrigeren Touren, und Sie bekommen die Panikanfälle unter Kontrolle.

Alles, was Sie über das Einschlafen wissen müssen

Sehen Sie sich die Fragen links an. Wenn Sie mit JA antworten, lesen Sie die Anmerkungen rechts durch.

Nehmen Sie oft ein Benzodiazepin irgendeiner Art?	Die Benzodiazepine können Ihr Schlafverhalten in Unordnung bringen. Selbst ein Benzodiazepin, das Ihnen beim Einschlafen helfen soll, kann Sie daran hindern.
Haben Sie vor kurzem aufgehört, ein Benzodiazepin zu nehmen?	Die negative Wirkung von Benzodiazepinen auf das Schlafverhalten kann mehrere Wochen anhalten. Wie lange die Wirkung dauert, hängt davon ab, wie lange Sie das Medikament genommen haben.
Halten Schmerzen Sie wach?	Dann müssen Sie die Schmerzursache zu behandeln versuchen. Oder beschäftigen Sie sich wenigstens mit den Schmerzen. Sprechen Sie mit dem Arzt darüber. Wenn er keine klare Diagnose stellen oder Ihnen nicht helfen kann, gehen Sie zu einem anderen Arzt.
Halten irgendwelche anderen Beschwerden Sie wach, bei-	Dann müssen Sie zum Arzt gehen und um Rat und Hilfe bit-

spielsweise Atemnot, Krämpfe, Zucken in den Beinen usw.?	ten. Wenn er keine klare Diagnose stellen oder Ihnen nicht helfen kann, holen Sie sich Rat bei einem anderen Arzt.
Leiden Sie unter Depressionen?	Dann sollten Sie Ihren Arzt um Rat und Hilfe bitten. Wenn Depressionen und Schlaflosigkeit zusammen auftreten, müssen die Depressionen behandelt werden.
Können Sie schwer einschlafen, weil es Ihnen zu warm oder zu kalt ist oder Sie sich sonst unbehaglich fühlen?	Schaffen Sie bessere Bedingungen für gesundes Schlafen.
Müssen Sie nachts aufstehen und auf die Toilette gehen?	Vermeiden Sie abends Alkohol, Tee, Kaffee und andere Getränke. Leeren Sie die Blase vor dem Schlafengehen. Wenn keine Besserung eintritt, gehen Sie zum Arzt.
Hält Lärm Sie wach?	Versuchen Sie es mit einer einfachen Schallisolierung. Bücherborde dämpfen ausgezeichnet. Auch Doppelfenster können helfen. Wenn das nichts nützt, stopfen Sie sich die Ohren zu.
Machen Sie nachmittags regelmäßig ein Nickerchen?	Dann können Ihre Einschlafschwierigkeiten daher rühren, daß Sie einfach nicht so viel Schlaf brauchen, wie Sie sich selbst verordnen. Lassen Sie das Nickerchen. Oder gehen Sie abends später ins Bett.
Sind Sie immer noch putzmunter, wenn Sie ins Bett gehen?	Dann müssen Sie sich müde machen. Jede Art der körperlichen Bewegung tut gut. Ma-

	chen Sie einen Spaziergang – oder tun Sie etwas Intimeres, wenn Sie den richtigen Partner haben.
Bleiben Sie wach, weil Sie Hunger haben?	Dann essen Sie etwas. Aber nichts scharf Gewürztes, Heißes oder Schweres. Ein Glas Milch und zwei Kekse reichen.
Bleiben Sie wach, weil Sie sich über bestimmte Probleme Gedanken machen?	Legen Sie einen Notizblock und einen Bleistift neben das Bett. Schreiben Sie die Probleme auf, die Ihnen durch den Kopf gehen. Und versprechen Sie sich selbst, daß Sie sie am nächsten Morgen als erstes angehen.
Versuchen Sie abzunehmen?	Leute, die abnehmen, scheinen weniger als sonst zu schlafen. Der niedrige Blutzucker hält sie offenbar wach.
Machen Sie sich Gedanken, weil Sie weniger als andere Leute schlafen?	Manche Menschen brauchen 9 Stunden Schlaf. Andere nur 5. Wir sind alle unterschiedlich. Es gibt keine allgemeingültige Stundenzahl.
Machen Sie sich Gedanken, weil Sie weniger als früher schlafen?	Wir brauchen alle weniger Schlaf, wenn wir älter werden.
Haben Sie Schwierigkeiten, es sich nachts bequem zu machen?	Vielleicht sollten Sie sich ein neues Oberbett kaufen. Oder ein neues Kopfkissen.
Liegen Sie wach und denken über die Probleme des Tages nach? Drehen sich die Gedanken im Kreis und kommen nicht zur Ruhe?	Dann müssen Sie sich vor dem Schlafengehen entspannen. Gehen Sie spazieren, nehmen Sie ein heißes Bad, lesen Sie ein gutes Buch. Arbeiten Sie nicht bis zur letzten Minute.

Nehmen Sie irgendwelche verordneten Medikamente (außer Benzodiazepinen)?	Manche Tabletten können Sie am Einschlafen hindern. Sprechen Sie mit Ihrem Arzt darüber.

Wenn Sie alle diese Fragen beantwortet haben und sich Ihre Schlaflosigkeit immer noch nicht erklären können, dann versuchen Sie es mit einem Glas warmer Milch vor dem Schlafengehen. Oder trinken Sie ein kleines Glas Alkohol; aber das nur im Ausnahmefall als gelegentliche Hilfe.

Entspannen Sie Ihren Körper

Wie ich schon erklärt habe, führen Angst, innere Unruhe und Streß zu verspannten Muskeln. Und wenn Muskeln angespannt sind, schmerzen sie leicht. Kopfschmerzen, Rückenschmerzen, Atembeschwerden und ein ganzer Haufen von scheinbar klaren körperlichen Beschwerden sind die Folge, wenn Muskeln durch Streß und Ängste angespannt sind.

Lernen Sie, wie Sie Ihre Muskeln bewußt entspannen können. Dann gehen Sie nicht nur den körperlichen Beschwerden aus dem Weg, Sie werden auch einige Ihrer Ängste los. Entspannen Sie die Muskeln, und Sie durchbrechen den Teufelskreis von Spannung – Krampf – Spannung, der sonst zu großen Schwierigkeiten führen kann.

Um die Muskeln entspannen zu können, müssen Sie erst herausfinden, wie sie sich anfühlen, wenn sie fest und verspannt sind. Ballen Sie die Hand zur Faust, und Sie merken, wie sich die Muskeln der Hand und des Unterarms anspannen und fest werden. Nun lösen Sie die Faust, und Sie spüren, wie sich die Muskeln entspannen. Zur richtigen Entspannung brauchen Sie nur die Muskelgruppen eine nach der anderen anzuspannen und wieder zu lockern.

Wenn Sie Entspannung lernen, sollten Sie sich anfangs in einen ruhigen Raum zurückziehen, wo Sie wahrscheinlich nicht gestört werden und kaum andere Reize auf Sie einwirken. Es ist schwierig, mit der Entspannung in einem lauten Büro voller Leute oder im überfüllten Bus zu beginnen, aber am Ende werden Sie sich auch da entspannen können.

Legen Sie sich in einem abgedunkelten Raum hin, wo man Sie wahrscheinlich eine Weile in Ruhe läßt. Anfangs sollten Sie für jede Entspannungsübung 15 Minuten einkalkulieren. Es wird etwa 1 Woche dauern, bis Sie die Kunst der körperlichen Entspannung beherrschen. Es geht hier nicht um ein Programm, das sich schrittweise steigert. Sie lernen, wie Sie den ganzen Körper auf einmal mehr oder weniger schlagartig entspannen. Schon nach dem ersten Üben werden Sie sich besser fühlen. Sie werden ruhiger und entspannter sein, und Ihr Körper ist frischer und straffer.

Hier eine Anleitung zur körperlichen Entspannung:

1. Ballen Sie die linke Hand so fest wie möglich zur Faust. Machen Sie das ganz intensiv, bis die Knöchel weiß werden. Wenn Sie dann die Faust wieder lösen, merken Sie, wie die Muskeln sich entspannen.
2. Beugen Sie den linken Arm, und spannen Sie den Bizeps so kräftig wie möglich an. Dann entspannen Sie und lassen den Muskel locker. Legen Sie den Arm bequem seitlich neben den Körper.
3. Entspannen Sie die rechte Hand auf dieselbe Weise.
4. Entspannen Sie den rechten Bizeps auf dieselbe Weise.
5. Spannen Sie die Muskeln des linken Fußes an. Ziehen Sie die Zehen ein. Wenn der Fuß so angespannt ist, wie es nur geht, können Sie ihn wieder entspannen.
6. Spannen Sie die Muskeln am linken Unterschenkel an. Ziehen Sie den Fuß an, um die Spannung in der Wade zu steigern. Dann entspannen Sie die Muskeln wieder.
7. Strecken Sie das Bein aus, und drücken Sie den Fuß vom Körper weg. Sie sollten spüren, wie sich die Muskeln am Oberschenkel anspannen.
8. Entspannen Sie den rechten Fuß genauso.
9. Entspannen Sie den rechten Unterschenkel genauso.
10. Entspannen Sie den rechten Oberschenkel genauso.
11. Heben Sie den Po durch Anspannung der Gesäßmuskeln. Dann entspannen Sie die Muskeln wieder.

12. Ziehen Sie die Bauchmuskulatur zusammen. Lassen Sie die Taille so schmal wie möglich werden. Dann dehnen Sie sie so weit es irgend geht aus.
13. Spannen Sie die Bauchmuskulatur an. Atmen Sie tief ein, halten Sie den Atem so lange wie möglich an. Dann entspannen Sie sich wieder.
14. Schieben Sie Ihre Schultern so weit wie möglich nach hinten. Dann schieben Sie sie nach vorn. Ziehen Sie sie bis an die Ohren hoch. Dann entspannen Sie sich.
15. Spannen Sie die Rückenmuskulatur an. Machen Sie sich so groß wie möglich. Dann entspannen Sie sich.
16. Dehnen Sie die Halsmuskeln, indem Sie den Kopf nach rechts, dann nach links bewegen. Spannen Sie alle Muskeln abwechselnd an, und entspannen Sie sie auch abwechselnd.
17. Schließen Sie die Augen fest. Kneifen Sie sie fest zu. Dann entspannen Sie sie.
18. Ziehen Sie die Augenbrauen nach unten. Dann ziehen Sie sie so hoch wie möglich.
19. Ziehen Sie die Nase kraus. Knirschen Sie mit den Zähnen. Setzen Sie ein breites Lächeln auf. Dann entspannen Sie die Muskeln nacheinander wieder.
20. Strecken Sie die Zunge so weit wie möglich heraus. Dann entspannen Sie sie wieder.

Während dieser Übungen sollten Sie tief und regelmäßig atmen. Atmen Sie so langsam und so tief, wie Sie können.

Entspannen Sie Ihren Geist

Sie können den körperlichen Folgen von Streß und Druck entgegenwirken, indem Sie lernen, Ihren Geist zu entspannen. Ich glaube, das ist eine der einfachsten und wirkungsvollsten Methoden, mit Streß und Belastungen umzugehen. Unter normalen Umständen fließt ein endloser Strom von Fakten und Gefühlen in unser Gehirn. Augen, Ohren, Geruchs- und Tastsinn sammeln ständig neue Einzelheiten und Informationen, und diese Informationsbrocken selbst verursachen eine ebenso endlose Reihe von

Bewertungen und Deutungen. Selbst wenn Sie sich nicht bewußt sind, daß Ihr Körper und Geist mit neuen Informationen beschäftigt sind, sorgen Tausende von kleinen Botschaften dafür, daß Sie in Bewegung bleiben und sich der wechselnden Umgebung anpassen.

Wenn Sie die Informationsmenge, die Ihr Gehirn bekommt, verringern können, dann verringern Sie auch die Zahl der geistigen Reaktionen. Forscher in der ganzen Welt haben bewiesen, daß geistige Entspannung auf vielfältige Weise positive Auswirkungen hat. Es steht beispielsweise fest, daß Kranke, die an Herzbeschwerden, Bluthochdruck, Verdauungsstörungen und vielen Arten streßbedingter Beschwerden leiden, Linderung finden können, wenn sie geistige Entspannung lernen.

Leider setzen viele Menschen geistige Entspannung mit Meditation gleich. Ich habe nichts gegen Meditation, aber sie scheint für Tausende von Menschen, die davon eigentlich nur profitieren könnten, etwas Abschreckendes zu haben. Dafür gibt es wohl 2 Hauptgründe. Erstens sind die religiösen oder halbreligiösen Organisationen, die zu vielen Meditationsformen dazuzugehören scheinen, für viele Menschen ziemlich furchterregend. Zu lange wurde die Meditation mit kahlgeschorenen Köpfen, merkwürdigen Gewändern, Popsängern und mysteriösen indischen Gurus in Verbindung gebracht. Zweitens behaupten viele derer, die die traditionelle Meditation lehren, daß es notwendig ist, den Kopf ganz leer werden zu lassen, wenn man Gutes von der Meditation haben will. Und das ist nun alles andere als leicht. Viele Menschen finden die Vorstellung, den Kopf ganz leer werden zu lassen, so erschreckend, daß sie es gar nicht erst damit versuchen.

In Wirklichkeit können Sie aber alle Vorteile der geistigen Entspannung genießen, ohne zu meditieren, ohne sich irgendwelchen religiösen Organisationen anzuschließen, ohne in Trance zu verfallen und ohne irgendeine unmögliche und unbequeme Haltung einzunehmen.

Um den Strom der möglicherweise schädlichen Informationen, die normalerweise in Ihr Gehirn fließen, zu stoppen, müssen Sie nur lernen, wie man tagträumt. Oder, um es genauer zu sagen, Sie müssen Ihre Meinung über das *Tagträumen* neu überdenken.

Die meisten von uns haben als Kinder Tagträumen nachgehangen. Und dann bekamen wir von unseren Eltern und Lehrern zu hören, daß das eine unerwünschte Angewohnheit sei, die wir ablegen müßten.

Tagträumen ist keine schlechte Angewohnheit. Es ist ein natürlicher Vorgang, der uns wirkungsvoll hilft, uns zu entspannen und uns den Zwängen der Welt zu entziehen. Tagträumen ist ein natürlicher »Verdrängungs«-Prozeß, den sich das Gehirn zu seinem eigenen Schutz geschaffen hat. Sie müssen nur wieder lernen, das vorteilhaft zu nutzen.

Wenn Sie mit Tagträumen Ihre Sorgen wegschieben wollen, ist es ganz besonders wichtig, daß Ihr Tagtraum so glaubhaft und so wirklichkeitsnah wie möglich ist. Sie können sich selbst (und Ihren Körper) überzeugen, daß Ihr Tagtraum Realität ist. Wenn Sie das tun, reagiert Ihr Körper nicht auf die Welt, in der Sie leben, sondern auf die Phantasiewelt, die Sie sich geschaffen haben.

Als der Film *Lawrence von Arabien* vor ein paar Jahren lief, wunderten sich die Kinobesitzer, wie sprunghaft der Verkauf von kalten Getränken und Eis in die Höhe schnellte. Was ihnen nicht klar war, war die Tatsache, daß die Kinogänger nicht auf die Temperaturen im Saal reagierten, sondern auf die Wüstenszenen, die sie auf der Leinwand sahen. Die Zuschauer wurden von den Bildern so davongetragen, daß ihre Körper reagierten, als wäre die Wüste Wirklichkeit. Es machte nichts, wenn es im Kino kalt war – die Nachfrage nach Eis zur Abkühlung war da.

Genau dieselben Prinzipien können Sie einsetzen, um mit den Belastungen des Lebens leichter fertig zu werden. Anfangs müssen Sie sich für Ihre Tagträume einen ruhigen, friedlichen Raum suchen, wo Sie die Welt außen vor lassen können. Später, wenn Sie die Kunst des Tagträumens gut beherrschen, können Sie sie fast überall anwenden.

Schließen Sie die Tür, hängen Sie das Telefon aus, ziehen Sie die Vorhänge zu, und legen Sie sich auf Ihr Bett. Wenn nötig, befestigen Sie einen Zettel mit »Bitte, nicht stören« draußen an der Tür.

Nun versuchen Sie, an eine Szene aus der Vergangenheit zu denken, an eine Szene, die Sie entspannend und friedlich fanden.

Versuchen Sie es mit einer Strandszene aus fröhlichen Ferientagen, um ein Beispiel zu nennen. Mit geschlossenen Augen atmen Sie so tief und so langsam wie möglich. Versuchen Sie, die Wärme der Sonne auf Ihrem Gesicht zu spüren. Erlauben Sie keinem anderen Menschen Zugang zu Ihrem Tagtraum. Wenn Sie andere Menschen in den Traum kommen lassen, endet das Ganze entweder in erotischen Phantasien (die gar nicht beruhigend wären), oder Sie fangen an, mit den anderen zu reden oder – was noch schlimmer wäre – gar zu streiten.

Stellen Sie sich einfach vor, wie Sie allein an einem einsamen Strand liegen. Stellen Sie sich vor, Sie könnten die Wellen hören, die sich in einiger Entfernung am Strand brechen. Versuchen Sie, den weichen, warmen Sand unter sich zu spüren. Schnuppern Sie die salzige Luft und den sanften Duft Ihres Lieblingssonnenöls. Hören Sie den am Himmel kreisenden Möwen zu, spüren Sie, wie die sanfte Brise über Ihren Körper streicht. Lassen Sie alles ruhig und friedlich sein, lassen Sie die Bilder aus einer glücklichen Erinnerung in Ihren Geist strömen.

Wenn Ihr Geist erst einmal überzeugt ist, läßt sich auch Ihr Körper überzeugen. Der aufgestaute Streß und Druck der wirklichen Welt verschwinden, wenn der Körper ruhig wird. Sie können genausoviel Gewinn von einem Tagtraum haben wie von einem wirklichen am Strand verbrachten Tag. Wenn der Kopf voller friedlicher Gedanken ist, beginnt auch der Körper zu reagieren. Der Blutdruck sinkt, die Muskeln entspannen sich, der Magen gibt keine Säure mehr ab, der ganze Körper profitiert davon.

Natürlich müssen Sie sich nicht auf einen besonderen Tagtraum beschränken. Sie können sich eine ganze Videothek aus Ihren ureigensten Tagträumen aufbauen. Sie können sich eine wertvolle Sammlung von glücklichen Erinnerungen anlegen, mit deren Hilfe Sie der rauhen Wirklichkeit der Welt entkommen können. Vielleicht haben Sie einen glücklichen Tag auf dem Land verbracht. Sie saßen an einem Bach und sahen zu, wie Blätter und Zweige vorbeitrieben. Oder Sie haben einen wunderbar entspannenden Tag im Gebirge erlebt. Es ist egal, welche Erinnerungen Sie für Ihre Tagträume nutzen, Hauptsache, sie sind glücklich und friedvoll. Sie können auch Tagträume erfinden, wenn es Ih-

nen Spaß macht, aber sie müssen wirklich überzeugend sein. Nehmen Sie Film- und Fernsehszenen als Vorbild. Wenn Ihr Kopf glaubt, daß Sie dort sind, wird Ihr Körper es auch glauben und entsprechend reagieren.
Tagträumen hat gegenüber der Meditation einen großen Vorteil. Statt den Kopf völlig zu leeren und an die Stelle wirklicher Ängste einen klinisch reinen, leeren Raum treten zu lassen, ersetzen Sie Ihre natürlichen Ängste durch liebevolle, schöne Erinnerungen, die selbst eine nützliche, positive Wirkung haben. Wenn Sie Ihren Kopf von schädlichen, belastenden Gedanken befreien und ihn mit einem Nichts füllen, dann lassen Sie die Schäden, die durch die Belastungen der äußeren Welt verursacht werden, nur eine Pause machen. Aber wenn Sie Ihren Kopf von schädlichen Gedanken befreien und ihn mit fröhlichen Erinnerungen füllen, dann lassen Sie die Schäden nicht nur pausieren, Sie tun viel, viel mehr. Sie können so Ihre innere Stärke aufbauen. Negative Gefühle wie Angst und Sorge können großen Schaden anrichten. Aber positive Gefühle wie Glücklichsein können viel Gutes für Ihren gesamten Gesundheitszustand tun. Tagträumen tut gut.

Machen Sie eine Pause

Eine der einfachsten Methoden zur Vermeidung von Streß ist eine vorübergehende Änderung der Lebensweise. Wenn Sie also müde sind, keine Lust mehr haben, sich erschöpft fühlen oder wenn Ihre Frühwarnzeichen immer häufiger auftreten, überlegen Sie, ob Sie sich nicht für einen oder 2 Tage von Ihren Problemen verabschieden. Sorgen Sie für Klima- oder Tapetenwechsel, und fahren Sie irgendwo hin.
Leider verbringen zu viele Leute den wertvollen Urlaub mit dem Kampf darum, sich eine weitere Sammlung von neuen exotischen Erlebnissen und Fotos zuzulegen, mit denen sie zu Hause ihre Nachbarn unterhalten und beeindrucken wollen. Solche Art Ferien tragen wahrscheinlich nur dazu bei, daß Sie Ihr Jahresstreßkonto nur noch weiter überziehen; sie helfen nicht, es auszugleichen.

Erstaunlicherweise gibt es heutzutage viele Wege, um sicherzustellen, daß die Ferien am Ende noch mehr Streß verursachen, statt ihn abzubauen. So kaufen sich beispielsweise immer mehr Leute Campingwagen und fahren quer durch das Land, weit entfernt von den normalen Alltagsproblemen. Oder sie kaufen sich fast abbruchreife Häuschen, in denen es kein Telefon gibt. Der psychologische Wert eines solchen Zufluchtsortes kann groß sein, aber viele Leute machen die Wirkung gleich wieder kaputt: Sie versuchen den Marktwert ihres Zufluchtsortes zu steigern, indem sie dort alle technischen Annehmlichkeiten und Möglichkeiten installieren, denen sie doch ursprünglich entkommen wollten. Es ist doch sinnlos, sich einen Caravan zu kaufen und mit ihm der Wirklichkeit zu entfliehen, wenn Sie dann die ganze Zeit damit beschäftigt sind, an Kühlschrank, Fernsehapparat und dem tragbaren Mikrowellenherd herumzubasteln.
Wenn Sie also eine Pause planen, weil Sie Ruhe brauchen, machen Sie nicht derartige Fehler. Tun Sie etwas, bei dem Sie abschalten können, verbringen Sie ein paar Tage an der See oder in den Bergen, wo Sie sich zwanglos kleiden können, wo Sie im Bett bleiben, bis Ihnen nach Aufstehen zumute ist, wo Sie ins Bett gehen, wenn Sie müde sind, wo Sie herumwerkeln können, wie Ihnen der Sinn steht, und Sie sich nicht so benehmen müssen, wie Sie glauben, daß man es von Ihnen erwartet.
Wenn Sie Kinder haben, von denen Sie mal einen oder 2 Tage frei haben müssen, bitten Sie Verwandte oder Freunde um Hilfe. Vielleicht kennen Sie ja auch ein Ehepaar, das Ihre Kinder gern für kurze Zeit betreut, wenn Sie bei Gelegenheit zu derselben Gegenleistung bereit sind.

Denken Sie daran, wie wichtig Organisation ist

Wenn ein Baumeister eine Kathedrale ohne Plan errichten wollte, würde das zweifellos böse enden. Auf einer weniger dramatischen Ebene trifft das auch auf Leute ohne Vorausplanung zu – sie landen oft in einem schrecklichen Chaos. Dabei hätten sie mit ein wenig Planung viele Probleme vermeiden können.

Die Hausfrau, die eine Einkaufsliste macht und bei einem einzigen Supermarktbesuch alles Notwendige besorgt, hat weniger Probleme als die, die nur impulsiv einkauft. Der Autofahrer, der seinen Wagen in der Werkstatt warten läßt und immer auf Tankfüllung, Kühlwasser usw. achtet, wird weniger überraschende Pannen erleben als der Fahrer, der die Dinge dem Zufall überläßt. Der Student, der seinen Arbeitsanfall abschätzt und berechnet, wieviel Zeit er in jedem einzelnen Bereich braucht, wird am Ende wahrscheinlich nicht vor einer halbfertigen Arbeit sitzen.
Schlechte Vorausplanung und fehlende Vorausplanung führen oft zu Ängsten, zu Krisen, zu mehr Streß – und zu Beruhigungstabletten. . .
Nehmen Sie die Ratschläge für eine wirkungsvolle Organisation Ihres Lebens an.

1. Tragen Sie immer ein Notizbuch und einen Kugelschreiber bei sich. Schreiben Sie wichtig erscheinende Probleme und Dinge, an die Sie denken müssen, auf. Taschenkalender eignen sich dafür nicht so gut, weil sie selten genug Platz für Eintragungen bieten. Außerdem wirft man vollgeschriebene Notizhefte leichter fort als Kalender.
   Notizen bringen mehrere Vorteile. Sie brauchen nicht stundenlang darüber nachzugrübeln, woran Sie denn unbedingt denken wollten. Und was noch wichtiger ist – wenn sie erst einmal aufgeschrieben sind, erscheinen viele Probleme auf einmal viel weniger wichtig. Legen Sie die Notizen beiseite, und nehmen Sie sie sich später wieder vor; und was unüberwindlich erschien, hat sich nach einer Weile vielleicht schon von selbst erledigt.
2. Führen Sie ein Tagebuch, und gewöhnen Sie sich an, jeden Morgen nachzusehen, was zu erledigen ist. Legen Sie dabei einen Terminkalender an. Über alle Geburtstage, Jahrestage und Ereignisse, die Planung erfordern, machen Sie sich schon eine Woche vorher eine Notiz. So haben Sie Zeit, Geschenke, Karten usw. zu kaufen.
3. Wenn Sie ein wirklich schwieriges Problem zu lösen haben, schreiben Sie alle denkbaren Lösungen in Ihr Notizbuch. Legen Sie diese Liste irgendwo hin, und wenn Ihnen weitere

Lösungen einfallen, schreiben Sie sie dazu. Bewahren Sie die Liste am besten in der Nähe Ihres Bettes auf, weil einem gute Ideen oft als letzter Gedanke abends vor dem Einschlafen durch den Kopf schießen. Wenn Sie dann schließlich eine Entscheidung treffen müssen, sehen Sie sich Ihre Liste an, und wählen Sie die beste Lösung aus. Vermutlich werden Sie feststellen, daß eine Antwort aus den vielen anderen herausragt.

4. Legen Sie sich einen Aktenordner für die Ablage von Rechnungen, Quittungen und wichtigen Briefen an. Wenn Sie Dokumente und Unterlagen einfach in Schubladen und Taschen stopfen, dann verschwenden Sie später Stunden bei der Suche. Wenn Sie sich keine Aktenordner hinstellen wollen, dann nehmen Sie DIN-A4-Umschläge (sie können auch schon benutzt sein), und schreiben Sie eine Inhaltsangabe drauf.
5. Wenn Sie ein besonderes Ereignis planen – einen Umzug etwa oder eine große Feier –, dann machen Sie einen speziellen Schlachtplan, damit die Dinge reibungslos ablaufen. Listen Sie alles auf, was zu tun ist, und schreiben Sie ein Datum dabei, bis zu dem die Dinge erledigt sein müssen. So können Sie Ihre Sorgen und Ängste bemerkenswert in Grenzen halten.

Der Fluchtweg

Es gibt einen allerletzten Ausweg, wenn der Streß wirklich unerträglich wird. Eine Methode, die sogar funktioniert, wenn Sie keine Pause machen oder keinen Urlaubstag nehmen können. Eine Methode, mit der Sie Problemen und Belastungen aus dem Weg gehen, auch wenn Sie offiziell nicht wegkönnen.

Legen Sie sich ins Bett.

Charles Darwin wurde immer mal wieder krank, damit er einen Vorwand hatte, sich im Bett ein paar Tage auszuruhen. Auch Florence Nightingale, Marcel Proust, Sigmund Freud und viele, viele andere berühmte und erfolgreiche Leute haben diese Methode praktiziert.

Aber machen Sie nicht den Fehler, sich wegen »Erschöpfung«, »Streß«, »Spannungen« oder »Angstzuständen« ins Bett zu legen! Man wird Sie zum Weitermachen ermuntern (oder zwingen). Und dann bekommen Sie vermutlich echte körperliche Beschwerden, weil Sie zu sehr unter Streß stehen.
Geben Sie statt dessen als Grund leichte körperliche Beschwerden an, und die dauern gerade lange genug, damit Sie ein wenig Abstand von den Belastungen des Alltags bekommen. Muskelschmerzen im Rücken, ein leichter Grippeanfall, schlimme Kopfschmerzen – all das bringt Ihnen im allgemeinen einen oder 2 Tage Verschnaufpause ein. Irgendwie akzeptieren die meisten Arbeitgeber Rückenschmerzen leichter als »geistige Erschöpfung« oder »Streß«.
Das ist natürlich nur ein allerletzter Ausweg. Ich will Sie nicht ermuntern, zum Simulanten zu werden. Aber es ist weit besser, ausnahmsweise zu diesem letzten Ausweg zu greifen als zu Benzodiazepinen.

Denken Sie daran, daß Depression und Angstzustände anstecken können

Ich habe immer gefunden, daß eine der dümmsten Sachen, die Psychiater machen (und um ehrlich zu sein, sie stellen eine ganze Menge Dummheiten an), die Angewohnheit ist, alle ihre deprimierten und angstgeplagten Patienten in dasselbe Wartezimmer oder auf dieselbe Station zu stecken. Nichts wäre besser dazu geeignet, bereits bestehende Probleme noch zu verschärfen. Wenn Sie sich elend und deprimiert fühlen, möchten Sie am allerwenigsten mit zwei Dutzend Menschen zusammensein, die genausoweit unten sind wie Sie. Wenn Sie angespannt und angstbeladen sind, fühlen Sie sich nur noch schlechter, wenn Sie mit vielen genauso angespannten und angstbeladenen Leuten zusammensind. Depressionen und Angstzustände sind vielleicht nicht ansteckend im engsten Sinne des Wortes, aber sie stecken in dem Sinn an, daß wir alle von den Stimmungen und Gefühlen anderer Menschen beeinflußt werden. Wenn Sie zu den Leuten gehören,

die leicht unter Ängsten leiden, dann verschlimmert das Zusammensein mit anderen angstgeplagten Menschen zweifellos Ihre Situation.
Darum sollten Sie es soweit wie möglich vermeiden, zuviel Zeit in der Gesellschaft von Menschen zu verbringen, die es ständig mit den Nerven zu tun haben und leiden. Schauen Sie sich um. Sehen Sie in Ihrer Umgebung nur ausdruckslose Gesichter, Runzeln und Falten auf der Stirn, trübe Augen und Tränenspuren auf den Wangen? Dann wird es vermutlich Zeit, daß Sie sich neue, fröhlichere Freunde suchen.
Und Sie sollten sich selbst manchmal ein bißchen gehenlassen. Die Zeiten sind ernst, und viele Dinge verlangen unsere Aufmerksamkeit. Aber wenn Sie den Kopf immer nur voller Probleme haben, dann sind Sie viel weniger dazu in der Lage, mit ihnen fertig zu werden. Während Sie sich also nach freundlicheren, fröhlicheren Freunden umschauen, können Sie sich selbst ein wenig helfen: Kaufen Sie sich ein Spielzeug oder ein Comicheft. Oder ein paar Luftballons. Spielen Sie, tun Sie irgend etwas, was Ihnen Spaß macht. Je einfältiger Ihre Eskapaden sind, desto mehr werden Sie sie genießen. Desto besser tun sie Ihnen.

Schaukeln Sie trübe Stimmungen fort

Ein sehr verstörtes Kind, das großen Kummer hat, sitzt oft zusammengekauert da und schaukelt sanft vor- und rückwärts. Eine Mutter nimmt ihr schreiendes Baby hoch, hält es in den Armen und wiegt es. Das Kind und die Mutter tun das ganz selbstverständlich ohne irgendwelche Anleitung oder Aufforderung, denn die Schaukelbewegung trägt dazu bei, den Körper zu entkrampfen und aufgestaute Spannungen abzubauen. Niemand weiß ganz genau, wie das funktioniert, aber es ist wahrscheinlich, daß die rhythmische Bewegung dazu beiträgt, dringenden Hilferufen und Botschaften entgegenzuwirken, die von den Muskeln an das Gehirn gesendet werden. Angst und Spannung lassen die Muskeln fest werden. Die Schaukelbewegung lockert sie wieder.
Wenden Sie dieses Prinzip als Hilfe gegen Streß an, und kaufen

Sie sich einen Schaukelstuhl. Setzen Sie sich hin, und schaukeln Sie wie einst die Großmutter; langsam beruhigen Sie sich, und die angestauten Sorgen und Spannungen des Tages verschwinden. Der Schaukelstuhl ist eine Valiumtablette aus Holz – aber ohne Nebenwirkungen und ohne unkontrollierbare, abhängig machende Eigenschaften.

Zeigen Sie Ihre Gefühle

Die meisten von uns haben gelernt, ihre Gefühle zu verbergen, wann immer das möglich ist. Man bringt uns bei, unseren Ärger tief in uns hineinzufressen, wenn wir wütend sind, niemanden sehen zu lassen, wenn wir weinen, unseren Stolz zu verbergen usw. Männern und Jungen sagt man weit häufiger als Frauen und Mädchen, wie wichtig die Unterdrückung von Gefühlen ist. In Wahrheit ist es jedoch viel, viel ungefährlicher, Emotionen herauszulassen, statt sie in sich hineinzufressen.
Nehmen Sie beispielsweise das *Weinen.* Weil Weinen ein so deutlicher äußerlicher Ausdruck von Verzweiflung ist, wachsen die meisten Menschen mit der Ansicht auf, daß es ein Zeichen von Schwäche und emotionaler Unausgeglichenheit ist. Vor allem Jungen sagt man, daß es unverzeihlich ist, in der Öffentlichkeit zu weinen, und daß sie ihre Gefühle immer verbergen sollten.
Die Unterdrückung von Tränen kann zu allen möglichen Problemen führen. Es kann mit Sicherheit zu geistigen und körperlichen Beschwerden kommen, zu Angst und Qualen. Es gibt inzwischen sogar Beweise dafür, daß Tränen, die aus Trauer und Kummer vergossen werden, besondere Substanzen enthalten, die der Körper loswerden muß. Behalten Sie solche Kummertränen bei sich, behalten Sie auch diese unerwünschten Chemikalien im Körper, und das könnte gefährlich werden. Weinen ist eine natürliche Reaktion, um den Körper von unnötigen Substanzen zu reinigen und die Aufmerksamkeit der Menschen in unserer Umgebung zu erregen.
Genau wie das Weinen manchmal gut für Sie ist, so ist es manchmal auch klug und vernünftig, Ärger herauszulassen. Ihr Körper

ist auf physische Aktionen angelegt. Wenn Dinge schiefgehen oder wenn Sie in irgendeiner Weise bedroht werden, wird Ihr Körper sich automatisch auf physische Aktionen vorbereiten. Die Muskeln spannen sich an, der Blutdruck steigt, und der ganze Körper geht in Alarmbereitschaft. Diese Vorbereitungen sind selbstverständlich physiologisch sehr vernünftig. Wenn Sie versuchen, aus einem brennenden Haus zu entkommen oder einen Räuber zu überwältigen, dann brauchen Sie jedes verfügbare Gramm an Muskelkraft.

Leider sind diese körperlichen Vorbereitungen auf eine Streßsituation heutzutage ziemlich nutzlos. Ihr Körper bereitet sich auf eine Aktion vor, die dann nicht ausgeführt wird. Die Muskeln werden unnötigerwiese angespannt. Wenn Sie einem starrköpfigen Beamten, einem unfreundlichen Polizisten oder einem unfähigen Verkäufer gegenüberstehen, dann ist körperlicher Einsatz unangemessen, wenn nicht gar verboten. All das erklärt jedoch, warum Sie frustriert sind. Sie können sehr wohl das Gefühl haben, daß Sie jemanden verhauen, ein Fenster einschlagen, schreien oder Porzellan zerschmeißen möchten. Ihr Körper will, daß Sie aktiv etwas tun, aber die Probleme, denen Sie gegenüberstehen, sind nicht von der Art, daß sie mit physischem Einsatz zu lösen wären.

Unter solchen Umständen täten Sie gut daran, Ihr tatsächliches Verhalten etwas an die natürlichen Vorbereitungen des Körpers anzupassen. Ich will Ihnen jetzt nicht einreden, daß Sie Leute, die Sie ärgern, verprügeln sollen; Sie sollen auch nicht mit einem harten Gegenstand nach jedem werfen, der Sie beleidigt. Aber es gibt viele einfache, praktische Methoden, mit denen Sie die aufsteigenden Aggressionen loswerden. Denken Sie daran, daß diese aggressiven Gefühle sich innerlich aufstauen und in der Zukunft zu Problemen führen, wenn Sie sie nicht loswerden.

Wenn Sie wollen, können Sie die überschüssige Energie bei einer schnellen oder gar aggressiven Sportart abreagieren. Auf einen Squash- oder Tennisball einzudreschen oder einen Fußball zu treten, kann eine gute Methode sein, Aggressionen loszuwerden. Oder malen Sie das Gesicht von jemandem, den Sie nicht ausstehen können, auf einen Punchingball, wie ihn die Boxer beim

Training benutzen. Und dann schlagen Sie mit aller Kraft zu. Oder kaufen Sie sich eins der Spiele, bei denen Sie einen Ball schlagen, der mit einem langen Gummiband an einer festen Fläche befestigt ist. Schlagen Sie so hart, wie Sie können, wenn Sie sich besonders aggressiv fühlen. Oder nehmen Sie einfach einen Stapel alter Teller mit in die Garage oder in den Garten, und zerschmeißen Sie einen nach dem anderen.
Was auch immer Sie tun – wenn Sie diese aggressiven Gefühle loswerden, bleiben Sie gesünder, als wenn Sie sie in sich hineinfressen.

Fälle aus der Praxis

Anmerkung
Im Laufe der Jahre habe ich Hunderte von Menschen kennengelernt und gesprochen, die Beruhigungsmittel nahmen. Ich habe Fälle aus der Praxis in dieses Buch aufgenommen, weil ich denke, daß Patienten von anderen akut Betroffenen genausoviel lernen können wie von Fachleuten.
Ich habe natürlich die Namen verändert, um Unschuldige (oder Schuldige) zu schützen.*

Frau T. F.

Bis zu dem Zeitpunkt, an dem das letzte Kind das Haus für immer verließ, hatte ich ehrlich geglaubt, daß es mir Spaß machen würde, ein bißchen Zeit für mich selbst zu haben. Aber wenn da immer Kinder waren, um die Sie sich kümmern und sorgen mußten, dann ist das Leben ohne sie doch ein bißchen langweilig. Ich erinnere mich, daß ich mich an dem Sonntag morgen, nachdem Doreen geheiratet hatte und mit ihrem Mann in die

* In der hier vorliegenden deutschen Erstausgabe wurden die englischen Namen beibehalten.

neue Wohnung gezogen war, schrecklich einsam fühlte. Es schien mir, als ob mein Leben plötzlich zu Ende sei.
Verstehen Sie mich nicht falsch. Ich habe meinen Mann immer geliebt, und er war auch immer sehr lieb zu mir gewesen. Aber mein Leben hatte sich eben nur um die Kinder gedreht. George hatte seine Spielchen mit den Dartpfeilen, seine Angelei und seine Arbeit. Er hatte seine Kollegen und Kumpel. Ich hatte nur die Kinder gehabt, und sie waren mein ganzes Leben. Als sie aus dem Haus waren, hatte ich das Gefühl, daß mein Leben beendet sei. Ich hatte einfach nichts mehr zu tun. George kommt schon seit Jahren mittags nicht mehr zum Essen nach Hause. Sonntags ist er natürlich da, aber in der Woche ißt er in der Kantine oder in einer Gastwirtschaft. Oder er macht sich ein paar belegte Brote und nimmt sie mit. Er braucht mich eigentlich gar nicht. Jedenfalls nicht so, wie die Kinder mich gebraucht hatten.
Etwa zur selben Zeit setzte bei mir auch die Periode aus. Mein 51. Geburtstag war einer der traurigsten Tage in meinem Leben. Doreen hatte 2 Wochen zuvor geheiratet. Und mein Arzt hatte mir in der Woche gesagt, daß ich in den Wechseljahren wäre. Ich war zu ihm gegangen, weil ich seit einem Jahr unregelmäßige Blutungen hatte. George vergaß meinen Geburtstag wieder einmal, wie so häufig. Und als er an dem Morgen zur Arbeit gegangen war, setzte ich mich aufs Bett und heulte und heulte und heulte. An dem Tag habe ich mir die Augen aus dem Kopf geweint.
Ich erinnere mich an meine Überlegungen, daß es eigentlich keinen Sinn mehr hatte weiterzuleben. Die Kinder brauchten mich nicht. George brauchte mich auch nicht. Mein ganzes Leben lang war ich für andere dagewesen, und ich wußte einfach nicht, was ich sonst tun sollte.
Also, ich verbrachte etwa eine Woche damit, im Wohnzimmer zu sitzen und die Wände anzustarren. Und ich kann Ihnen sagen, daß ich mehrmals dachte, daß ich doch lieber sterben würde. Natürlich habe ich nichts in der Richtung unternommen. Ich würde auch keine Dummheit machen. Ich wüßte gar nicht, wie. Und es wäre ja auch nicht fair, oder?
Ich glaube nicht, daß George überhaupt wußte, wie ich mich fühlte. Ich versuchte mich ihm gegenüber immer von der tapferen

Seite zu zeigen. Und ich wollte nicht, daß er sich meinetwegen Gedanken machte. Er war auch an seinem Arbeitsplatz zu der Zeit nicht ganz glücklich – es gab Meinungsverschiedenheiten, und er machte sich Sorgen um seinen Job. Außerdem hatten wir nie wirklich über solche Dinge geredet. Nicht darüber, wie uns innerlich zumute war. Ich dachte, es wäre nicht recht, ihn mit meinen Sorgen zu belasten.

Schließlich ging ich wieder zum Arzt. Ich sagte ihm, daß ich mich sehr deprimiert fühlte, und bat ihn um ein Stärkungsmittel. Er meinte, daß einfach nur meine Hormone, also die Menopause, der Grund wären, und er gab mir ein paar Beruhigungspillen als Hilfe. Ich fragte ihn, ob es sich um Valium handelte, aber er verneinte. Später fand ich heraus, daß er da ein wenig geschwindelt hatte – es handelte sich tatsächlich nicht um Valium, aber um etwas sehr Ähnliches. Er verschrieb mir jedenfalls eine große Packung und sagte, ich sollte in einem Monat oder so wieder zu ihm kommen.

Ich nahm diese Tabletten länger als ein Jahr, und es war zweifellos das schlimmste, das allerschlimmste Jahr in meinem Leben. Um ganz ehrlich zu sein, ich kann mich nicht mehr an viel aus dieser Zeit erinnern. Auch jetzt noch wirkt alles verschwommen. Aber ich weiß, daß ich viel geweint habe, und alles wurde so schlimm, daß selbst George merkte, daß etwas nicht stimmte. Er war wirklich lieb. An einem Samstag, als er abends eigentlich an einem Dart-Wettbewerb teilnehmen sollte, kam er zu mir und redete stundenlang auf mich ein. Ich sollte ihm erzählen, was nicht in Ordnung war. Als ich das nicht konnte, glaubte er, ich hätte ein Geheimnis, und wurde ziemlich ärgerlich. Das Schlimme war, ich konnte ihm gar nicht sagen, was nicht stimmte, ich wußte es ja selbst nicht.

Dann fand ich durch Zufall einen Artikel in einer Frauenzeitschrift. Es ging um Valium und ähnliche Mittel, und da war eine lange Liste von ähnlichen Tabletten aufgeführt, von denen man annahm, daß sie eine ähnliche Wirkung hätten. Ich stellte fest, daß auch meine Tabletten auf dieser Liste standen. Da wurde mir dann zum erstenmal bewußt, daß ich Beruhigungspillen schluckte.

Als ich das nächste Mal zum Arzt ging, fragte ich ihn, ob ich nicht auch ohne diese Tabletten auskommen könnte. Er meinte, ich sei dumm, und die Tabletten würden mir nicht schaden; aber wenn ich es ohne sie versuchen wollte, sollte ich die Dosis langsam verringern, damit der Körper sich daran gewöhnen konnte, ohne sie aiszukommen.
Ich hätte auf ihn hören sollen, ich weiß, aber ich wollte so verzweifelt von den Tabletten wegkommen, daß ich sie ganz absetzte. Ich nahm gar keine mehr, und das war schrecklich.
Ich fing an zu zittern, fühlte mich elend und konnte nicht richtig stehen. Ich wußte einfach nicht mehr, was ich tat. Eines Tages kam es zum kritischen Höhepunkt, als ich in einem Supermarkt am Ort einkaufte. Ich kann mich an gar nichts mehr erinnern, aber ich fand mich draußen vor dem Laden wieder; bei mir waren ein Mann in einem grauen Anzug und zwei Polizisten. Es kann auch eine Polizistin dabeigewesen sein. Ich kann mich nicht daran erinnern.
Sie sagten, ich hätte eine Dose Bohnen in die Tasche gesteckt und zu stehlen versucht. Mir war gar nicht klar, wovon die überhaupt redeten, und bis heute weiß ich nicht, wie die Bohnen in meine Tasche gekommen waren. Weder George noch ich mögen Bohnen. Ich kaufe nie welche. Die Polizisten glaubten mir jedoch nicht. Sie nahmen mich mit zur Wache und riefen George an, damit er mich abholte. Man sagte uns, daß es zu einer Anzeige kommen würde.
Ich weiß, daß das komisch klingt, aber in gewisser Weise war dieses Erlebnis wohl das Beste, was mir passieren konnte. George ging mit mir zum Arzt und erzählte ihm, was passiert war. Der Arzt zeigte kein besonderes Interesse, aber mein Mann war sehr wütend und forderte eine Überweisung an einen Spezialisten. So machte der Arzt einen Termin in der Klinik für mich aus.
Der Spezialist war wunderbar. Er schrieb einen Brief an den Manager vom Supermarkt und erklärte, daß ich unter Einfluß von Tabletten gehandelt hätte; er bat darum, die Anzeige zurückzuziehen. Es klappte. Der Facharzt half mir, von den Beruhigungsmitteln wegzukommen, und er überwies mich an einen Gynäkologen, der mir bei meinen Problemen mit den Wechseljahren hel-

fen sollte. Ich bekam spezielle Hormontabletten, und schon sah alles ganz anders aus.
Die Leute reden oft von Psychiatern, als wären die ein bißchen verrückt. Mein Spezialist war ein Psychiater, und er war wirklich nett zu mir. Es war, als verstünde er mich wirklich. Als ich von den Tabletten losgekommen war, erklärte er mir, daß ich mir ein neues Leben aufbauen müßte, ohne die Kinder; zur Abwechslung müßte ich endlich selbst einmal mein eigenes Leben leben.
Es ist nicht einfach, und ich behaupte nicht, daß ich nicht immer noch mal wieder schlimme Tage erlebe. Aber ich habe mich mehreren Gruppen angeschlossen und gehe ziemlich oft weg. Zweimal in der Woche mache ich einen Abendkursus in Französisch, und zum erstenmal in meinem Leben habe ich eigene Pläne. Ich möchte nach Frankreich reisen, und ich habe George gesagt, daß ich auf jeden Fall fahre, auch wenn er nicht mitkommt; notfalls fahre ich sogar ganz allein. Ich möchte ein bißchen schreiben, und in unserer Lokalzeitung wurde sogar schon ein kleiner Artikel von mir veröffentlicht. Da war ich richtig stolz.
Geblieben ist eine Verbitterung über den Arzt, der mir die Beruhigungsmittel gab. Ich glaube nicht, daß er mir in irgendeiner Weise geholfen hat.

Frau J. G.

Damals nahmen fast alle Leute, die ich kannte, Valium oder so etwas ähnliches. Meine Eltern nahmen es, meine Schwester auch. Meine beste Freundin nahm kleine, blaue Tabletten, die zwar kein Valium, aber vergleichbar waren. Und ich wußte, daß ihr siebenjähriger Sohn jeden Abend eine halbe Tablette bekam, damit er schlief.
Daher war ich eigentlich gar nicht erstaunt, als mir mein Arzt auch welche verordnete. Ich war zu ihm gegangen, weil ich zweimal so merkwürdige Ängste gehabt hatte. Ich weiß nicht einmal, wie ich sie richtig beschreiben soll, sie waren eigentlich auch gar nicht schlimm. Und ich war auch nur in die Sprechstunde gegangen, weil meine Schwester gesagt hatte, es wäre besser so. Wenn

ich jetzt zurückblicke, glaube ich, es war damals einfach eine ganz normale Ängstlichkeit.
Das erste Mal passierte es, als mein Jüngster eine Stunde nach Schulschluß immer noch nicht zu Hause war. Ich regte mich wahnsinnig auf und war in einem ziemlich schlimmen Zustand. Ich hatte keinen Zweifel, daß der Junge überfahren worden war, und ich rief meinen Mann an und bat ihn, von der Arbeit nach Hause zu kommen. Er war wütend, das weiß ich noch, denn er kam etwa zur selben Zeit zu Hause an wie unser Sohn, der mit ein paar Freunden auf dem Spielplatz gespielt hatte. Das zweite Mal bekam ich so einen Angstanfall, als meine Periode 10 Tage überfällig war. Ich hatte zweimal vergessen, die Pille zu nehmen, aber ich traute mich nicht, es meinem Mann zu sagen. Ich wußte, daß er kein Kind mehr wollte, und er würde stinksauer werden, wenn ich es ihm beichtete. Also regte ich mich auch darüber ziemlich auf.
Auf alle Fälle meinte meine Schwester, wie schon gesagt, ich solle besser zum Arzt gehen. Er hörte mir etwa zwei Minuten zu, und dann gab er mir ein Rezept für irgendwelche Tabletten. Er sagte mir, wenn sie helfen würden, könnte ich anrufen. Man würde mir ein neues Rezept ausstellen, und ich brauchte gar nicht in die Sprechstunde zu kommen.
Ich nahm die Tabletten monatelang. Wie lange, weiß ich gar nicht genau, aber es war ziemlich lange. Und im Laufe der Monate brauchte ich die Tabletten immer nötiger. Ich fing an, mindestens einmal am Tag ziemlich schlimme Angstzustände zu bekommen. Ich hatte Schweißausbrüche und zitterte und regte mich über die unbedeutendsten Kleinigkeiten wahnsinnig auf.
Ich war überzeugt, daß ich ohne die Tabletten in einem ganz schlimmen Zustand sein würde, und so erhöhte ich die Dosis nach und nach. Nach 6 Monaten nahm ich täglich 12–15 Tabletten, an manchen Tagen sogar noch mehr. Erstaunlicherweise hatte ich nie Schwierigkeiten, Nachschub zu bekommen. Ich rief einfach in der Praxis an und bat um ein neues Rezept, das ich dann abholte. Ich bekam 200 Tabletten auf einmal verschrieben, und ich glaube, wenn ich gewollt hätte, hätte ich sie jeden Tag bekommen können. Na gut, das ist vielleicht übertrieben, aber nicht sehr.

Es war eine Fernsehsendung, die mir schließlich Angst vor den Tabletten einjagte. Ich hatte nie daran gedacht, daß sie gefährlich sein oder abhängig machen könnten, bis ich diese Sendung sah. Ich bekam furchtbare Angst und rief den Arzt an, um einen Termin zu bekommen. Ich wollte ihn nach den Tabletten fragen. Aber der früheste Termin, den ich bekommen konnte, war in 2 Wochen. Also ließ ich es. Ich versuchte erst einmal, allein von den Tabletten loszukommen. Im Fernsehen hatten sie gesagt, daß man die Dosis langsam verringern müßte, also tat ich das. Ich setzte mir jeden Tag eine Obergrenze.

Es war schwerer, viel schwerer, als ich gedacht hatte. Mir war übel, ich hatte schlimme Anfälle mit Zittern, und fast jeden Tag wanderte ich schluchzend und weinend durch das Haus. Aber die Fernsehsendung hatte mir wirklich Angst gemacht, und ich war entschlossen, mit den Tabletten aufzuhören. Deshalb hielt ich durch.

Ich war auf täglich 6 Tabletten herunter, als ich schließlich zum Arzt ging. Er meinte, es sei vermutlich sehr vernünftig von mir, die Dosis zu verringern, und er gab mir Ratschläge, wie ich von dem Rest auch noch wegkommen könnte. Aber um ehrlich zu sein, er sagte mir nichts, was ich nicht schon selbst herausgefunden hatte.

Ich stellte fest, daß es am schwierigsten war, mit den immer wieder auftretenden Angstzuständen fertig zu werden. Das war viel, viel schlimmer als das Gefühl, das ich damals hatte, als ich zum erstenmal zum Arzt ging. Im Fernsehen hatten sie gesagt, man könnte ziemlich leicht lernen, wie man sich entspannt, also kaufte ich mir ein Taschenbuch, das eine Anleitung zum Umgang mit Streß gab, und es half mir wirklich ganz gut. Ich machte ein paar Übungen und merkte, daß ich zwar immer noch Angstzustände bekam, aber längst nicht mehr so unter ihnen litt wie früher.

Ich nehme jetzt seit 2 Monaten keine Beruhigungstabletten mehr, aber ich bekomme immer noch leichte Angstzustände. Aber nicht schlimmer als damals, als ich mit den Tabletten anfing. Und ich werde auch damit fertig. Mit Sicherheit fühle ich mich jetzt viel besser als zu der Zeit, als ich die Pillen nahm.

Die Ironie der ganzen Geschichte liegt darin, daß die Einnahme der Tabletten mich in einen so schlechten Zustand versetzt hatte, daß meine ursprünglichen Probleme im Vergleich dazu unwichtig erscheinen. Ich glaube wirklich nicht, daß ich irgendwelche ernsthaften Probleme hatte, die mit stark wirkenden Medikamenten behandelt werden mußten. Ich finde, mein Arzt hätte mir sagen müssen, daß jeder Mensch von Zeit zu Zeit Ängste hat, und er hätte mir etwas über Entspannung erzählen sollen. Er ist aber immer sehr beschäftigt, und vermutlich ist es einfacher für ihn, ein Rezept auszustellen. Das haben die Ärzte gelernt, und das erwarten die meisten Patienten ja auch von ihnen.

Herr A. C.

Im Rückblick betrachtet war ich wohl immer ein bißchen arbeitsbesessen und arbeitssüchtig. Ich glaube, das reicht zurück bis in meine Kindheit, wo ich unter dem Druck stand, in der Schule gute Leistungen zu bringen.
Meine Eltern steckten mir immer Ziele und spornten mich ständig an, noch mehr zu arbeiten und noch besser zu sein. Ich kann mich nicht daran erinnern, daß ich je von ihnen gelobt wurde – nur ermahnt, wenn ich nicht so gut war, wie sie es von mir erwarteten.
Nachdem ich die Schule verlassen hatte und bei der Bank arbeitete, machte ich genauso gewissenhaft weiter. Ich arbeitete länger als die anderen, lernte zu Hause mehr und verbrachte Stunden damit, Bücher und Zeitschriften zu lesen, die voll waren von geheimnisvollen und schlauen Artikeln darüber, wie das Bankensystem funktioniert.
Diese Art von Pflichteifer wird natürlich belohnt, und ich war erst ein paar Jahre bei der Bank, als ich meinen ersten verantwortungsvollen Posten bekam. Zu der Zeit war ich Ende zwanzig, und ich leitete eine kleine Zweigstelle der Bank am Stadtrand von London. Selbst meine Eltern mußten (wenn auch zähneknirschend) zugeben, daß ich es offenbar ganz gut gemacht hatte.
Wenn man erst einmal arbeitssüchtig ist, hört man leider nicht auf, auch nicht, wenn man erfolgreich ist. Als ich Mitte dreißig

war, bekam ich die Leitung einer größeren Zweigstelle anvertraut. Aber da hatte ich auch schon ein Zwölffingerdarmgeschwür und leichte Herzbeschwerden. Ich war natürlich verheiratet, und meine Frau redete ständig auf mich ein, ich sollte es etwas langsamer angehen lassen und die Dinge mehr auf die leichte Schulter nehmen. Aber das konnte ich einfach nicht.

Als ich 36 war, fing ich an, ein Beruhigungsmittel als Einschlafhilfe zu nehmen, ein Jahr später kam Valium dazu, damit ich mich tagsüber ein wenig entspannen konnte. Man sollte meinen, daß ich ein wenig mehr Verstand gehabt hätte, aber ich verlangte mir selbst immer weiter unglaublich viel ab, ich arbeitete den ganzen Tag in der Bank und nahm dann abends noch Arbeit mit nach Hause. Fast immer war ich morgens der erste in der Bank, und abends ging ich als letzter. Ich war der einzige, der auch in der Mittagspause arbeitete und auch sonst keine Pausen machte.

Ich hatte die beiden Medikamente etwa ein Jahr lang genommen, als ich zum erstenmal merkte, daß sich Beschwerden einstellten. Es dauerte aber noch weitere 6 Monate, bis ich etwas unternahm. Das erste Symptom, das ich bemerkte, war eine Müdigkeit am Vormittag – ein- oder zweimal schlief ich in Gegenwart von Kunden ein, und einmal schlief ich sogar ein, als mein Vorgesetzter mit mir ein paar größere Kredite, die wir geben wollten, besprach.

Als meine Konzentration immer mehr nachließ und ich regelmäßig wichtige Termine vergaß, ging ich zu meinem Arzt, um mich gründlich untersuchen zu lassen. Aber er hatte keine Zeit für eine solche Untersuchung und schickte mich in eine dieser großen Praxen, wo man komplett auf den Kopf gestellt wird.

Der Röntgenarzt dort schien überrascht zu sein, als ich ihm sagte, wie lange ich die Tabletten schon nahm. Er war sehr offen zu mir und meinte, daß nach seiner Einschätzung die Tabletten wohl die Ursachen für meine Beschwerden wären. Er schickte mich zu meinem Hausarzt zurück; ich sollte ihn bitten, mir bei der Entwöhnung von den Medikamenten zu helfen.

Das Loskommen von den Tabletten war ein paar Monate lang scheußlich. Ich konnte überhaupt nicht schlafen, ich fand abends keine Ruhe, ich kam kaum über den Tag, ohne in Panik auszu-

brechen, und ich bekam alle möglichen merkwürdigen Beschwerden – Schweißausbrüche und rasende Kopfschmerzen.
Mein Hausarzt half mir ganz gut. Das muß ich wirklich deutlich sagen. Er bot mir immer wieder Hilfe an. Aber am meisten half mir meine Frau. Sie war einfach wunderbar. Sie – und mein Assistent in der Bank.
Mein Assistent deckte mich ziemlich lange. Er erzählte wichtigen Anrufern, daß ich beschäftigt wäre, wenn ich einfach nicht in der Lage war, am Telefon mit ihnen zu verhandeln. Er erzählte der Direktion etwas von Kundenbesuchen, wenn ich in Wahrheit viel zu benebelt war, um aufzustehen und in die Bank zu gehen. Wenn in der Direktion bekanntgeworden wäre, was wirklich los war, hätten die Herren Wutanfälle bekommen, denn ich trug eine ziemlich große finanzielle Verantwortung.
Meine Frau half mir auf doppelte Weise. Erstens bekam ich von ihr viel Zuspruch in der schlimmsten Zeit, als ich die Tabletten absetzte. Sie half mir auch auf praktische Weise, indem sie mich begleitete und aufpaßte, daß ich wichtige Dinge nicht vergaß, und indem sie für Kopfschmerztabletten sorgte usw. Sie war es eigentlich nicht gewohnt, sich mit Krankheit zu befassen, aber in dieser Zeit, als es mir schlecht ging, war sie einfach wunderbar.
Aber am wichtigsten war, daß sie mir Selbstvertrauen gab. Langsam schaffte sie es, mich dahin zu bringen, daß ich die Dinge etwas leichter nahm, daß ich ein wenig zurückschaltete und bereit war, gelegentlich auch mal einige Zeit außerhalb der Bank zu verbringen. Natürlich konnte sie mich nicht ganz von meiner Arbeitssucht heilen, ich glaube auch nicht, daß diese Sucht wirklich zu heilen ist, aber sie machte es mir möglich, sie weit wirkungsvoller unter Kontrolle zu bringen.
Das war lebenswichtig, denn wenn sie mir nicht auf diese Weise geholfen hätte, dann hätte ich vermutlich am Ende wieder zu den Tabletten Zuflucht genommen. So wie die Dinge jetzt stehen, arbeite ich immer noch zuviel, aber ich kann wenigstens gelegentlich nachts und an den Wochenenden abschalten. Ich gehe spazieren, ich mache ein wenig Gartenarbeit, und wir verbringen doch ein wenig Zeit in unserem Campingwagen auf dem Land. Manchmal gehe ich sogar angeln.

Insgesamt dauerte es 4 Monate, bis ich von den Tabletten wegkam und wieder zu dem zurückfand, das der Normalität ähnelt. Ich kann jetzt ganz gut schlafen, und ich bekomme keine Panikanfälle mehr. Und eines kann ich Ihnen sagen – ich nehme nie wieder eine Schlaftablette oder ein Beruhigungsmittel.

Frau O. L.

Ich weiß eigentlich gar nicht, warum ich mir die Tabletten überhaupt von meinem Arzt geben ließ. Ich bin seit über 30 Jahren Krankenschwester, und ich habe viele Patienten gesehen, die Probleme mit den Benzodiazepinen hatten. Ich habe mir immer geschworen, sie nie zu nehmen.
Ich ging nach der Pensionierung zum Arzt, weil ich mich niedergeschlagen fühlte und Hilfe brauchte. Ich weiß nicht, was ich von ihm erwartete. Als ich die Praxis verließ und ein Rezept für ein Beruhigungsmittel in der Hand hatte, war ich in Versuchung, es einfach wegzuwerfen. Zweimal ging ich an der Apotheke vorbei, bis ich schließlich eintrat und mir meine Tabletten holte. Und selbst da war ich noch in Versuchung, sie wegzuwerfen. Aber ich tat es nicht.
Vorzeitig in Pension zu gehen, das war nicht meine eigene Entscheidung gewesen. Ich glaube, ich wäre länger geblieben, wenn ich die Möglichkeit gehabt hätte. Aber man legte mir nahe, vorzeitig in den Ruhestand zu gehen, und mir wurde klargemacht, daß das für alle Beteiligten das Beste wäre. Ich glaube nicht, daß man mit meiner Arbeit unzufrieden war. Man wollte einfach Personal einsparen, und Leute vorzeitig in Pension zu schicken, war die einfachste Lösung.
Leider war meine Arbeit lange, lange Zeit der wichtigste Teil meines Lebens gewesen – seit mein Mann gestorben war. Er war erst 39 Jahre alt. Ein schwerer Herzinfarkt kam völlig unerwartet. Ich glaube, ich habe den Schock nie richtig verwunden. Wir hatten keine Kinder, und so gab es nichts, für das ich ganz und gar leben konnte – nur in meiner Arbeit konnte ich aufgehen.
Insgesamt nahm ich die Tabletten etwa eineinhalb Jahre lang. Sie

halfen mir überhaupt nicht, und ich weiß gar nicht, warum ich sie weiterhin nahm. Ich glaube, ich habe nur damit angefangen, weil ich etwas ausprobieren wollte, irgend etwas, das mir eine Hoffnung gab; und ich machte dann weiter, weil ich abhängig geworden war.

Ich glaube, ich würde sie immer noch nehmen, wenn der Arzt, der sie mir verschrieben hatte, nicht plötzlich verstorben wäre. Sein Nachfolger in der Praxis war ein jüngerer Mann, der von Drogen und Drogenproblemen etwas mehr verstand. Er wurde sehr ärgerlich, als ich sagte, wie lange ich die Tabletten schon nahm. Und obwohl er sich nicht genau äußerte, merkte ich, daß er den Verschreibungspraktiken seines Vorgängers kritisch gegenüberstand. Ich hatte immer wieder mein Rezept bekommen, und ich glaube, ich hatte den Arzt mindestens 6 Monate lang nicht mehr gesprochen.

Der junge Arzt half mir, von den Tabletten wegzukommen, und er fragte mich, wieso ich mich eigentlich nicht nach einem neuen Job umsah. Ich weiß, es klingt dumm, aber ich hatte nie daran gedacht, mir eine andere Arbeit zu suchen. Ich hatte einfach angenommen, daß man in meinem Alter für immer auf dem Schrotthaufen lag.

Aber wenn Sie eine richtige Ausbildung haben und ein wenig flexibel sind, können Sie fast immer eine Arbeit finden. Und ich fand einen Job in einem Altersheim. Dort wurde eine Schwester für Teilzeitarbeit gesucht. Sicher, es war kein so guter Arbeitsplatz, wie ich ihn bis dahin gehabt hatte, und ich wurde auch nicht so gut bezahlt. Aber ich mache das jetzt seit 3 Monaten, und es bringt mir wirklich Freude. Ich habe auch angefangen, in einer Selbsthilfegruppe mitzuarbeiten, in der sich Leute treffen, die von Tabletten wegkommen wollen. Ich glaube, daß hier ein großes Problem liegt, das von den Ärzten immer noch unterschätzt wird. Solange nicht mehr Ärzte begreifen, welchen Schaden sie mit leichtfertig verschriebenen Beruhigungsmitteln anrichten können, wird das Problem wohl immer noch wachsen.

Frau W. M.

Ich erinnere mich daran, daß meine Eltern einmal mit mir schimpften, weil ich am Strand herumlief und keine Bluse anhatte. Ich war damals 4 Jahre alt, aber es ist mir immer noch im Gedächtnis, daß ich mich danach jahrelang sehr geschämt habe. Ich hatte das Gefühl, etwas wahnsinnig Schreckliches und Unanständiges getan zu haben. Meine Eltern waren eifrige Kirchgänger, und sie hatten sehr strenge Ansichten über Sitten und Moral, und Nacktheit in der Öffentlichkeit gehörte dazu.
Als ich Teenager war, traf ich mich nie mit Jungen, ich ging auch nicht zum Tanzen oder so, weil meine Eltern von solchen Dingen nichts hielten. Ich lernte meinen Mann Tony bei der Weihnachtsfeier einer Gruppe kennen, die gegen die Abtreibung zu Felde zog. Meine Mutter arbeitete dort mit. Als Tony mir nach 2 Wochen bei unserem vierten Treffen zum Abschied einen Gutenachtkuß gab, war ich richtig aufgeregt. Es war ein ganz merkwürdiges Gefühl. Einerseits schämte ich mich und hatte Schuldgefühle, andererseits war ich fröhlich. Es kam mir vor, als hätte ich etwas schrecklich Verbotenes getan.
Als wir etwa 4 Monate später heirateten, waren wir noch nicht weiter als bis zum Küssen gekommen. Ich hätte es gern gehabt, wenn Tony etwas mutiger gewesen wäre, aber ich denke, er hatte vor der ganzen Sache noch mehr Angst als ich. Wir saßen händchenhaltend im Kino, und ich spürte, wie er zitterte und schwitzte. Ich glaube, er hatte Angst, daß uns jemand sah und es seinen Eltern erzählte. Sie waren noch strenger als meine.
Vielleicht haben Sie erwartet, daß unsere erste gemeinsame Nacht im Bett eine einzige Katastrophe wurde. Aber was mich angeht, war sie ein bemerkenswerter Erfolg. Ich weiß, daß es vielen Frauen schwerfällt, Sex richtig zu genießen, aber ich hatte sofort einen Orgasmus. Es war wunderbar, und ich weiß noch, daß ich ziemlich enttäuscht war, weil es bei Tony nicht gleich noch einmal ging. Ich wußte ja nichts von Sex und Männern. Ich merkte nur, die Sache gefiel mir, und ich wollte gleich noch mal. Ich fürchte nur, daß Tony ziemlich schockiert war. Er wußte über Sex nicht viel mehr als ich, aber man hatte ihm beigebracht, daß

Sex im Grunde nur dazu diente, Babys zu machen. Er dachte sicherlich nicht, daß es Spaß machen könnte, und es verwirrte ihn, daß ich offensichtlich meine Freude daran hatte. Er sagte, es sei nicht normal, daß eine Frau Sex so genoß, und als ich in der nächsten Nacht wollte, daß er es wieder machte, wurde er ziemlich wütend und sagte, daß er sehr erstaunt über mich sei. Ich weiß, es klingt unglaublich, aber er erklärte allen Ernstes, daß er warten wollte, bis sich herausstellte, ob ich schwanger war. Erst dann wollte er es wieder tun!

Also, was mich angeht, mir reichte das nicht. Ich hatte wirklich schon beim ersten Mal Spaß an Sex, ich wollte mehr und ihn nicht in Vergessenheit geraten lassen, bis der Zeitpunkt kam, daß wir wieder versuchten, ein Baby zu machen. Zum erstenmal in meinem Leben probierte ich es mit der Selbstbefriedigung. Das war nicht so schön wie richtiger Sex, aber es war doch ganz angenehm. Ehrlich, ich hatte vorher nie masturbiert. Merkwürdig, nicht?

Als wir etwa 3 Monate verheiratet waren, masturbierte ich täglich zwei- oder dreimal. Tony war jeden Monat 2 oder 3 Nächte nicht zu Hause, und ich freute mich immer darauf, denn dann konnte ich im Bett liegen und unbeschwert masturbieren, solange ich wollte. Ich parfümierte mich, zog seidene Wäsche an, schloß die Augen und hatte die ungewöhnlichsten Phantasien. Und immer spielte ich Platten von Barry Manilow dazu. Manchmal machte ich es auch nachmittags. Ich ging einfach ins Schlafzimmer, zog die Vorhänge zu und stellte mir vor, daß mich irgendein toller orientalischer Scheich vergewaltigte.

Eines Nachmittags kam Tony unerwartet früh von der Arbeit nach Hause. Wegen der Musik hörte ich ihn nicht kommen. Er konnte mich unten im Haus nicht finden, also stieg er die Treppe nach oben und kam ins Schlafzimmer. Als er mich sah, stand er einfach nur da und starrte mich an. Er brachte kein Wort heraus, wurde kreidebleich, drehte sich um und ging hinaus. Ein paar Stunden später rief seine Mutter mich an, um mir zu sagen, daß er nicht zurückkommen würde. Sie sagte ein paar scheußliche Dinge und warf mir widerliche Schimpfworte an den Kopf. Als ich den Hörer auflegte, zitterte ich am ganzen Körper.

Ich ging mehrmals zum Arzt, aber ich erzählte ihm nur, daß ich Eheprobleme hätte. Ich wagte ihm nicht zu sagen, wo das Problem wirklich lag, denn ich dachte, er würde mich dann abstoßend finden. Der Arzt gab mir Lorazepam, das ich tagsüber nehmen sollte, und weil ich nicht schlafen konnte, bekam ich auch noch Nitrazepam für den Abend.

Obwohl er mir sagte, ich sollte tagsüber nur 3 Tabletten nehmen, schluckte ich die doppelte Menge, weil ich so verzweifelt war. Ich wollte mich selbst k. o. schlagen, und die Tabletten halfen mir mit Sicherheit dabei. In der Rückschau macht es mir wirklich Angst, daß der Arzt mir nie gesagt hatte, daß ich nicht Auto fahren sollte, wenn ich die Tabletten nahm, und ich habe wohl rund ein Dutzend Beinahunfälle gehabt. Als ich eines Morgens zum Einkaufen fuhr, erwischte ich einen Milchwagen, ein anderes Mal fuhr ich direkt gegen einen Baum.

Der Arzt sagte mir auch nicht, daß ich keinen Alkohol trinken sollte, und weil die Schlaftabletten mir nicht richtig halfen, nahm ich sie mit einer halben Flasche Sherry. Ich hatte die Vergangenheit verdrängt, denn alles, was mir in den Ohren klang, waren die Beleidigungen, die mir Tonys Mutter am Telefon ins Ohr schrie; und alles, was ich vor Augen hatte, war sein Gesicht, als er mich ertappt hatte. Mir wird immer noch ganz komisch, wenn ich daran denke.

3 oder 4 Monate nahm ich die Tabletten weiter. Der Arzt war sehr nett und verschrieb sie mir immer wieder, denn er wußte, daß Tony und ich uns getrennt hatten. Ich bekam das Rezept immer bei der Sprechstundenhelferin und holte mir die Tabletten in der Apotheke.

Ich weiß nicht, wie lange das so weitergegangen wäre, wenn ich nicht diesen Unfall gehabt hätte, aber ich glaube, ich würde jetzt immer noch weitermachen. Ich nenne die Sache einen Unfall, denn es war wirklich einer. Eines Abends konnte ich nicht einschlafen, ich nahm die Tabletten und trank Sherry, um die Welt zu vergessen. Ich versuchte nicht, eine Dummheit zu begehen. So nennt mein Arzt es – »eine Dummheit begehen«. Er meint Selbstmord, mag aber das Wort nicht aussprechen.

Es war meine Mutter, die mich fand. Ich weiß nicht, wieso sie zu mir gekommen war, aber sie sagte, ich hätte sie angerufen. Ich kann mich daran nicht mehr erinnern. Sie holte natürlich sofort einen Krankenwagen, und ich wurde ins Krankenhaus gebracht. Sie pumpten mir den Magen aus und behielten mich da. Es war scheußlich, einfach schrecklich.

Am nächsten Morgen besuchte mich ein Psychiater. Und weil ich mich so müde und völlig ausgelaugt fühlte, erzählte ich ihm alles. Ich glaube, wenn ich mich nicht so mies und elend gefühlt hätte, hätte ich es ihm auch nicht gesagt. Aber so redete ich mir wirklich alles von der Seele. Als ich fertig war, dachte ich, er würde aufstehen und hinausgehen, weil er angewidert war. Ich war ziemlich überrascht, daß er kein böses Wort sagte.

Er saß sehr lange bei mir. Das wird mir immer in Erinnerung bleiben. Er erklärte mir, daß nicht ich es war, die Probleme hatte, sondern Tony, und daß es ganz normal war, wenn eine Frau so wie ich reagierte. Ich kann gar nicht sagen, wie erleichtert ich war. Plötzlich fühlte ich mich ganz ruhig und friedlich. Es war sehr merkwürdig.

Ich wollte Tony nicht sehen, als er später an diesem Tag ins Krankenhaus kam, und ich wollte auch meine Eltern nicht sehen. Nein, ich wollte sie einfach nicht sehen. Nicht, daß ich mit ihnen nicht zurechtkam oder so. Aber ich brauchte ihre Art von Mitgefühl nicht. Ich wollte nur allein sein und die Dinge in die Reihe bringen.

Ich gehe immer noch zu meinem Psychiater, und ich habe inzwischen viele Bücher über Sexualität und so gelesen. Ich habe Tony immer noch nicht wiedergetroffen und meine Eltern nur ein- oder zweimal. Seit ich aus dem Krankenhaus entlassen wurde, habe ich überhaupt keine Tabletten mehr genommen, und ich habe sie auch nicht mehr gebraucht. Ich habe immer noch ein Problem, das weiß ich, aber wenigstens weiß ich jetzt, wo es liegt. Ich habe nicht mehr masturbiert, seit Tony mich erwischte, und ich glaube, ich kann jetzt auch noch nicht wieder mit einem Mann schlafen. Aber immerhin beschäftige ich mich mit meinem Problem.

Aber eines kann ich Ihnen sagen: Wenn ich je eine kleine Tochter haben sollte, dann werde ich sie nicht daran hindern, wenn sie »oben ohne« am Strand herumlaufen will.

Frau A. K.

Bevor ich heiratete, arbeitete ich in einem großen Warenhaus. Es war kein Traumjob, aber wir hatten viel Spaß, und wir Mädchen verstanden uns prima. Unsere Tochter Janice war unterwegs, als Barry und ich noch verlobt waren, und so heirateten wir eben etwas eher als geplant. Aber wir waren eigentlich ganz glücklich. Weil ich schwanger war, besorgte Barrys Onkel uns eine Wohnung, die der Stadt gehörte. Es war eine ganz oben in einem Hochhaus mit vielen Büros. Ich gab natürlich meinen Job auf, aber zu der Zeit machte mir das nichts aus. Mir gefiel es ganz gut, Hausfrau zu sein, und ich versuchte immer, etwas Gutes für Barry zu kochen, wenn er von der Arbeit nach Hause kam. Er arbeitet die meiste Zeit im Freien und hat immer Riesenappetit. Am liebsten ißt er Pommes frites zu allem und jedem.

Nach Janices Geburt haben wir nie irgendwelche Verhütungsmittel benutzt. Barry mochte die Dinger nicht, und er wollte nicht, daß ich die Pille nahm, weil er meinte, sie sei nicht ungefährlich. Nach Janice kamen Simon und Pamela ziemlich schnell. Obwohl es nun in der Wohnung recht eng wurde, machte mir das nichts aus, solange die Kinder klein waren. Nach Pamela ließ ich mich übrigens sterilisieren.

Für manche Leute scheint es sehr anstrengend zu sein, sich um Kinder zu kümmern und sie zu versorgen, aber mir gefällt es. Als sie klein waren, machten sie mir keine großen Sorgen; in der Wohnung war zwar nicht viel Platz zum Spielen, aber wir hatten viel Spaß zusammen. Eines Tages brachte Barry auch noch ein Kätzchen mit nach Hause. Eigentlich durften wir keine Haustiere halten, aber niemand erfuhr etwas von der Katze, und sie war auch wirklich niedlich.

Ich hatte immer gedacht, daß ich wieder arbeiten würde, wenn die Kinder in die Schule gingen. Als ich kündigte, hatte mir der Manager im Warenhaus gesagt, ich wäre jederzeit wieder herzlich willkommen. Ich wäre ja auch gerne wieder hingegangen. Allerdings, um ehrlich zu sein, wäre ich gern in die Kosmetikabteilung gegangen. Sie kennen ja diese Spielwiesen der Schönheit in den großen Warenhäusern, wo die Mädchen Parfüm, Lippenstifte und

Make-up verkaufen. Diese Arbeit stellte ich mir herrlich vor. Ich hatte eine Freundin, die wiederum eine junge Frau kannte, die dort arbeitete; und diese Freundin erzählte, daß es jede Woche umsonst Make-up gab, damit die Mädchen auch immer gut aussahen.

Aber alle 3 Kinder waren schon seit mindestens einem Jahr in der Schule, und Barry sagte immer wieder, er wolle nicht, daß ich arbeite. Er meinte, seine Kumpel könnten glauben, er verdiene nicht genug, um eine Familie zu ernähren. Und er wollte schon gar nicht, daß ich in einem Warenhaus arbeitete. Ihm gefiel die Vorstellung nicht, daß ich da herumstünde und angesprochen würde. Als ich einwandte, daß ich es satt hätte, allein zu Hause zu sitzen, schrie er mich an, ich solle lieber die Wohnung besser in Ordnung halten und ein bißchen verschönern. Er sagte, die Wohnung sei ein richtiger Schuppen, es rieche nach Katzenpipi, und er drohte, Tabby abzuschaffen. Tabby ist natürlich unsere Katze. Tabby leistete mir Gesellschaft, und ich weiß nicht, was ich ohne sie gemacht hätte. Ich weiß es wirklich nicht. Das liegt vermutlich daran, daß ich manchmal sehr allein bin, und Tabby ist oft der einzige »Mensch«, mit dem ich rede, wenn die Kinder in der Schule sind. Ich versuchte, die Wohnung sauber und in Ordnung zu halten, aber manchmal hätte ich am liebsten geschrien und hatte auf alles einen Haß.

Ich glaube, ich wäre gar nicht zum Arzt gegangen, wenn meine Mutter vor 6 Monaten nicht mit einem Geburtstagsgeschenk für Janice vorbeigekommen wäre. Sie sah, daß ich geweint hatte, griff zum Telefon und machte einen Termin für mich aus. Der Arzt war nett, aber sehr beschäftigt, und ich wußte eigentlich gar nicht, was ich ihm erzählen sollte. Er fragte, ob ich mich vielleicht deprimiert fühlte, und ich gab zu, daß das wohl der Fall sei. Er gab mir ein Rezept für irgendwelche kleinen, gelben Tabletten und erklärte, ich müßte sie dreimal täglich nehmen und in 2 Wochen noch einmal zu ihm kommen. Ich ging hin, aber er war nicht da. Sein Vertreter sagte, ich könnte die Tabletten ruhig weiternehmen, solange ich niedergeschlagen sei. Er war sicher, daß sie helfen würden.

Na ja, ich glaube, sie halfen tatsächlich eine Zeitlang. Ich machte mir keine Sorgen mehr, und eine oder zwei Wochen lang fühlte ich mich ein wenig ruhiger. Aber es war merkwürdig, ich schien nach und nach das Interesse an allem, was um mich herum vorging, zu verlieren. Manchmal zog ich mich morgens gar nicht an, und schließlich verließ ich die Wohnung tagelang überhaupt nicht mehr. Ich schickte die Kinder zum Einkaufen. Ich redete nicht mehr mit der Katze und verlor jegliches Interesse am Sex. Zwischen Barry und mir war alles immer sehr schön gewesen, aber es interessierte mich einfach nicht mehr.

Dann las ich in der Zeitung einen Artikel über Leute, die Valium nehmen. Da fiel mir auf, daß ich ja auch Valium nahm. Die Leute seien jetzt auch nicht besser dran als vorher ohne die Tabletten, hieß es in dem Artikel. Manche sagten, die Tabletten machten abhängig wie harte Drogen. Ein paar Leute hatten dieselben Beschwerden wie ich. Sie fühlten sich ausgelaugt, müde und völlig desinteressiert.

Ich bekam so eine Angst, daß ich auf der Stelle aufhörte, die Tabletten zu nehmen. Ich spülte sie in der Toilette weg und warf die Flasche in den Mülleimer. Ich hatte Angst, daß Barry entdekken würde, was ich genommen hatte. Dann käme er vielleicht auf die Idee, ich sei drogenabhängig geworden. Also warf ich auch die Zeitungsseite mit dem Artikel in den Mülleimer. Sie gehörte zu unserer Tageszeitung, und ich mußte abends Barry vorschwindeln, daß Tabby sich darauf erbrochen hatte. Nur auf dieser einen Seite.

Ich dachte, ich müßte sterben! Wirklich. Ich bekam rasende Kopfschmerzen und hörte gar nicht mehr auf zu zittern. Ich ließ Barrys geliebte Pommes frites auf den Fußboden fallen, und er wurde wütend. Mir wurde schwindelig und übel. Alles ging ziemlich schnell – innerhalb von ein paar Stunden, nachdem ich die Tabletten weggeworfen hatte.

Am Abend ging es mir immer schlechter, und in dieser Nacht schlief ich überhaupt nicht. Daran kann ich mich immer noch gut erinnern. Es war fürchterlich. Ich lag einfach da, schwitzte und hatte Angst. Ich weiß gar nicht, was mich so in Angst versetzte, aber sie war da. Ich konnte nicht aufstehen, weil ich fürchtete, wieder umzufallen, so schwindelig war mir. Ich hatte Durst,

mochte aber nichts trinken, weil ich dachte, davon würde mir wieder schlecht.
Als Barry am nächsten Morgen aufstand, wollte er den Arzt anrufen, aber mir war das nicht recht. Ich versicherte ihm, daß es mir schon wieder besser gehen würde. Das war aber nicht der Fall. Es ging mir sogar noch schlechter. Ich mußte die Vorhänge zuziehen, weil ich das Licht nicht ertrug, und mir tat alles weh. Ich saß den ganzen Tag in einem Sessel und weinte. Nur, daß ich gar nicht richtig weinen konnte. Ich wollte, aber es ging nicht.
Als Barry nach Hause kam, sah er mich nur an, ging hinaus und rief den Arzt an. Der kam zwar, war aber alles andere als begeistert. Er meinte, es sei nur eine schlichte Grippe, und Barry hätte ihn um die Tageszeit nicht mehr holen müssen. Ich hätte auch bis zum nächsten Tag warten können, weil ich sowieso einen Termin in der Sprechstunde hatte. Er gab mir ein paar Aspirintabletten und Penizillin.
Eine Woche ging das so mit mir. Dann wurde es langsam etwas besser. Mehrmals wollte Barry den Arzt wieder anrufen, aber ich bat ihn, es nicht zu tun. Ich wollte diesen Mann nicht in meiner Nähe haben. Barry war wirklich lieb.
Das Merkwürdige war, daß ich nach 2 Tagen plötzlich wußte, was mit mir los war. Ich hatte auf einmal eine richtige Gier auf die Tabletten, die ich genommen hatte. Sie wissen ja, wie das in der Schwangerschaft ist, wenn Sie plötzlich einen Heißhunger auf saure Gurken oder so etwas bekommen. Na ja, und ich wollte Valium. Ich wollte es einfach haben. Dann fiel mir der Zeitungsartikel wieder ein, und ich wußte, daß ich »Entzugserscheinungen« hatte. Auch darum wollte ich nicht, daß Barry den Arzt holte. Ich hatte Angst, daß er dann merken würde, daß ich von dem Valium abhängig war, und er würde darüber sicher böse werden.
Es ist jetzt einen Monat her, seit ich Valium abgesetzt habe. Manchmal wird mir noch schwindelig, aber im großen und ganzen fühle ich mich viel besser. Ich langweile mich immer noch entsetzlich zu Hause, ich fühle mich immer noch einsam und habe alles satt. Aber ich habe jetzt mit Barry wieder darüber gesprochen, und ich glaube, wenn ich hartnäckig bleibe, erlaubt er mir bald, daß ich einen Teilzeitjob annehme. Ich habe ihm vorgeschlagen,

daß wir von meinem verdienten Geld Ferien machen könnten, und es sah ganz so aus, als gefiele ihm dieser Gedanke.

Herr L. S.

Ich hatte natürlich schon viel über die Rezession gelesen, und ich wußte, daß Millionen Menschen arbeitslos waren. Aber irgendwie schien das ein Problem zu sein, daß andere betraf, nicht mich. Ich kann immer noch nicht glauben, wie das alles passierte, weil es eine dieser Schauergeschichten ist, die man am Stammtisch in der Kneipe hört.

Ich arbeitete in der Personalabteilung und war unter anderem für die Entwürfe von Briefen verantwortlich, die die Firma an Mitarbeiter verschickt. Das sind Mitteilungen über Änderungen im Pensionsplan, Betriebsferien und derartige Dinge. Eines Tages kam also jemand zu mir und bat mich, einen allgemeinen Brief zum Thema Personalüberschuß an 2 400 Leute zu entwerfen. Das war eine der schlimmsten Aufgaben, die ich je zu erledigen hatte, denn ich wußte, daß das, was ich in dem Brief zu schreiben hatte, nicht ganz die Wahrheit war. Es hieß, die rückläufige Produktion sei der Grund für den Personalabbau, aber in Wirklichkeit – und das wußte ich – wollte die Firma ein riesiges Fabrikgelände verkaufen, um daran zu verdienen. Wir waren vor 9 oder 10 Monaten von einer internationalen Holding-Gesellschaft aufgekauft worden, und die interessierte sich für nichts anderes als den schnellen Profit.

Um es also so kurz wie möglich zu machen: Als ich ein paar Tage später morgens aufstand und in den Briefkasten guckte, fand ich auch einen dieser Briefe.

Natürlich bekam ich eine kleine Abfindung, aber es war nicht viel, und ich hatte lange genug in der Personalabteilung gearbeitet, um zu wissen, daß Männer meines Alters nicht so schnell wieder einen Arbeitsplatz finden.

Da war nun das finanzielle Problem. Ich hatte zwar nie sehr viel verdient, aber wir hatten immer genug zum Leben gehabt und waren eigentlich nie wirklich knapp bei Kasse gewesen. Aber nicht nur die Geldfrage machte mir Sorgen. Ich kann meine Gefühle gar nicht richtig erklären, aber irgendwie fühlte ich mich zurückgewiesen und abgelehnt. Ich habe von Leuten gehört, die in derselben Situation ganz optimistisch in die Zukunft sahen und an all die Jobs dachten, die ihnen nun offenstanden. Also, bei mir stellte sich dieses Gefühl nie ein, vermutlich, weil ich – wie gesagt – lange genug in der Personalabteilung gewesen war, um die Wahrheit zu kennen. Ich fühlte mich von Anfang an deprimiert und unerwünscht. Für kurze Zeit dachte ich sogar an Selbstmord. Ich kam mir vor, als hätte ich die Familie im Stich gelassen. Das war vermutlich das Schlimmste – der Gedanke, ich hätte gegenüber der Familie versagt, und sie müßte nun leiden. Natürlich habe ich darüber mit niemandem gesprochen.

Meine Frau Marje machte sich große Sorgen um mich. Ich aß nichts, nahm ab und hatte oft Kopfschmerzen. Sie ging mit mir zum Arzt.

Wir führten ein kurzes Gespräch, und schließlich gab er mir ein paar weiße Tabletten und sagte, die würden mir helfen, über die nächsten Monate hinwegzukommen. Wenn ich mehr brauchte, sollte ich einfach anrufen, dann würde er mir ein neues Rezept ausstellen.

Ich hatte von Anfang an eine Abneigung gegen die Tabletten, aber ich dachte, ich wäre es dem Arzt schuldig, wenigstens einen Versuch zu machen, also nahm ich sie. Vom ersten Tag an fühlte ich mich merkwürdig. Es war, als stünde ich neben mir und beobachtete einen anderen Menschen, der in meinem Körper lebte. Das klingt vielleicht albern, aber so kam ich mir wirklich vor.

Die Tabletten machten mich nicht müde, sie hatten auch keine anderen Wirkungen. Ich fuhr weiterhin Auto, ich tat alles weiter so normal wie möglich. Aber ich lebte nicht mehr mein Leben. Ich glaube, das hat mir auf merkwürdige Weise geholfen, über die schlimmsten Depressionen hinwegzukommen, weil ich Abstand von der realen Welt hatte. Aber die Pillen lösten keine Probleme, und auf lange Sicht halfen sie auch nicht.

Nachdem ich sie etwa 10 Tage lang genommen hatte, entschied ich, daß sie nicht die richtige Antwort auf meine Probleme waren, und setzte sie ab. Ich überlegte, ob ich zum Arzt gehen oder ihn

anrufen sollte, aber schließlich ließ ich das. Ich befand, daß ich mit meinen Problemen allein zurechtkommen mußte, also kaufte ich mir eine ausziehbare Leiter, einen Plastikeimer, ein paar Ledertücher und Reinigungsmittel und versuchte mich als Fensterputzer zu betätigen.
Ich befestigte die Leiter auf dem Dachgepäckträger meines Autos, parkte jeden Tag in einer anderen Straße und bot meine Dienste an. Anfangs schämte ich mich ein bißchen, denn ich hatte immer im Büro gearbeitet, immer einen Job gehabt, bei dem man sich die Finger nicht schmutzig macht, aber nach einer Woche legte sich das, und ich bekam Spaß an meiner neuen Arbeit. Ich lernte Leute kennen, war mein eigener Chef. Ich verdiente ganz gut in dieser ersten Woche und konnte es mir leisten, bei schlechtem Wetter zu Hause zu bleiben, denn niemand machte mir Vorschriften.
Ich wünsche mir immer noch einen besseren Arbeitsplatz, aber ich habe meine Selbstachtung wiedergefunden; und wenigstens brauche ich mich nicht zu schämen, daß ich kein Geld nach Hause bringe. Manchmal verdiene ich mehr als früher in der Firma mit festem Gehalt. Ich weiß, daß meine Lösung nicht für jedermann geeignet ist, aber für mich war sie weit besser als Tabletten.

Frau P. D.

Als wir heirateten, sagte ich meinem Mann, daß ich meine berufliche Karriere noch ein paar Jahre fortsetzen wollte; er fand die Idee gut und stimmte zu. Wir wollten beide gern ein eigenes Haus, und wir wollten beide ein paar Rücklagen auf der Bank haben, bevor wir die Verantwortung für Kinder übernahmen. Ich wollte fachlich gut ausgebildet sein und fest im Sattel sitzen, damit ich später wieder in den Beruf zurückkehren konnte, wenn die Kinder groß waren.
Wenn ich mir das jetzt überlege, glaube ich nicht, daß mein Mann wirklich verstand, wie ausgeprägt mein Wunsch nach beruflichem Erfolg war, denn 6 Monate nach der Hochzeit schlug er vor, daß

ich die Pille absetzen sollte. Er meinte, es sei an der Zeit, eine Familie zu gründen. Ich habe allerdings den Verdacht, daß ihn wohl eher seine Mutter auf den Gedanken gebracht hatte.
Ich erinnerte ihn daran, daß ich immer vorgehabt hatte, ein paar Jahre noch weiterzuarbeiten, bevor eine Schwangerschaft in Betracht kam, und ich erklärte ihm, daß ich beruflich gerade an einem entscheidenden kritischen Punkt stand. Die Konkurrenz in der Werbebranche ist groß, und ich hatte zwei ziemlich wichtige Aufgaben übernommen. Ich wollte die Chance nutzen und beweisen, daß ich Erfolg haben würde.
Äußerlich lief danach alles recht gut, aber ich gestehe ganz ehrlich, daß unsere Probleme da schon begannen. Ich glaube nicht, daß mein Mann begriffen hatte, wie entschlossen ich war, in der Werbeagentur weiterzumachen. Er schien meine Arbeit sogar regelrecht zu hassen. Heute meine ich, daß er auch ein bißchen eifersüchtig war. Ich verdiente deutlich mehr als er, und er hatte bei den Elektrizitätswerken kaum noch Aufstiegsmöglichkeiten. Er hatte sich angestrengt, aber er saß auf der Ebene des mittleren Managements fest.
Na ja, dann passierte das Übliche. Ich hatte die kühle Atmosphäre zu Hause satt, also verbrachte ich immer mehr Zeit in der Agentur. Mein Mann hatte keine Lust mehr zu warten, bis ich nach Hause kam, also ging er in die Kneipe. Manchmal war es fast so, als trügen wir einen Wettbewerb aus, wer als letzter nach Hause kam. Bevor unsere Ehe ein Jahr alt war, hatte ich eine Affäre mit einem der Art-directoren in der Agentur, und mein Mann traf die Bedienung aus der Kneipe ein bißchen zu häufig.
Die Scheidung verlief so schmerzlos, wie solche Dinge eben schmerzlos verlaufen können. Wir verkauften das Haus und alle Möbel und teilten den Erlös. Zum Glück brauchten wir uns keine Gedanken um irgendwelche Kinder zu machen. Allerdings könnten Sie einwenden, wenn Kinder dagewesen wären, hätten wir uns auch nicht getrennt.
Erst 3 Monate nach der Scheidung fing ich an, mich schlecht zu fühlen. Rückblickend bin ich immer noch nicht sicher, ob ich meinen Mann wirklich geliebt hatte oder nicht, aber ich glaube, ich habe unserer Ehe einfach keine faire Chance gegeben.

Die meisten meiner Freundinnen sagen, daß ich recht hatte, auf der Fortsetzung meiner beruflichen Karriere zu bestehen. Ich hatte meinem Mann ja immerhin auch gesagt, daß ich nicht sofort Kinder haben wollte. Aber insgeheim frage ich mich, warum ich seinem Wunsch eigentlich nicht nachgegeben habe, schnell ein Kind zu bekommen. Diese Grübeleien machten mich eine Zeitlang wirklich traurig und deprimiert.
Ein Hautausschlag, den ich seit der Kinderzeit nicht mehr gehabt hatte, brach wieder aus und bedeckte Arme und Hände. Es sah scheußlich aus. Als ich damit zu meinem Arzt ging, fragte er, ob mich irgend etwas intensiv beschäftige. Ich erzählte ihm von meinen Problemen, von der Scheidung und allem anderen, und er gab mir irgendwelche Tabletten. Er sagte, sie hätten keine Nebenwirkungen und machten auch nicht abhängig, also nahm ich sie, obwohl ich zugeben muß, daß mir ziemlich unbehaglich bei dem Gedanken war. Ich weiß noch, daß ich in eine Fachbücherei ging und in einem oder zwei Nachschlagewerken nachsah, ob ich etwas über die Tabletten fand. Ich fand sogar ein paar Informationen, sie stammten allerdings vom Hersteller. Es hieß, die Tabletten seien relativ ungefährlich und würden wahrscheinlich keinerlei Probleme verursachen.
Auf alle Fälle halfen sie mir; ich wurde meinen Hautausschlag los. Aber ich gewöhnte mich nur schwer an sie. Anfangs, als ich sie nahm, fühlte ich mich recht merkwürdig, und ich durfte nur die Hälfte der Dosis nehmen, die der Arzt verordnet hatte. Nahm ich die ganze Dosis, schlief ich den ganzen Tag. Aber nach etwa 10 Tagen konnte ich die ganze Dosis ohne allzu große Probleme nehmen.
Heute weiß ich wirklich nicht mehr, warum ich die Tabletten überhaupt genommen habe. Ich wußte, warum ich Hautausschlag hatte – er war ausgebrochen, weil ich stark unter Streß stand. Und ich wußte auch, daß Tabletten in keiner Weise bei der Lösung meiner Probleme helfen konnten. Eigentlich hatte ich ja nicht einmal ein Problem, das gelöst werden mußte. Ich mußte nur verarbeiten, daß meine Ehe in die Brüche gegangen war, und ich brauchte Zeit, um darüber hinwegzukommen. Aber ich glaube, wie jedem anderen Menschen auch, gefiel mir der Gedanke

an eine schnelle Lösung, und mein Arzt hatte ja gesagt, die Tabletten seien ungefährlich.
Ich nahm sie dann insgesamt 3 Monate lang, und sie veränderten meine gesamte Persönlichkeit. Ich wurde bei meiner Arbeit nachlässig, ich fing an, einfach aus dem Büro fortzugehen und halbfertige Arbeit zu hinterlassen, und ich vergaß regelmäßig Verabredungen. Es wurde so schlimm, daß Maurice, der Art-director, mit dem ich liiert war, vorschlug, ich sollte mal zu einem Spezialisten gehen. Er meinte, daß ich als Folge der Scheidung unter Depressionen oder ähnlichem litt.
Ich verstand das eigentlich gar nicht. Ich war ehrlich überzeugt, daß ich die Ehegeschichte überwunden hatte. Alles war doch recht freundschaftlich verlaufen, es gab keinerlei Unfreundlichkeiten, die heute für viele Scheidungen so typisch sind. Ich wußte, daß ich mich nicht vernünftig und normal verhielt, aber ich wußte eben nicht, warum. Ich wurde tatsächlich schon bei Kleinigkeiten ziemlich aggressiv. Wenn meine Sekretärin nicht genau dann den Kaffee brachte, wenn ich ihn erwartete, schrie ich sie an. Das sah mir eigentlich gar nicht ähnlich.
Und dann fuhr ich zu einer längeren Tagung, zu der eine Computerfirma eingeladen hatte, für die ich immer mal arbeitete. Dort traf ich eine Freundin wieder, die ich seit Jahren nicht mehr gesehen hatte. Eines Morgens in der Kaffeepause sah sie, wie ich eine meiner Tabletten nahm, und sie wurde ziemlich wütend. Sie erklärte mir, ich sei wirklich dumm, diese verdammten Dinger zu nehmen. Sie wollte wissen, warum ich damit angefangen hatte, wie lange ich sie nahm, jede Einzelheit.
Da hörte ich zum erstenmal, daß sie doch abhängig machen können, allerdings glaubte ich der Freundin zuerst nicht. Ich erzählte ihr, daß ich Informationen nachgelesen hatte und daß auch mein Arzt gesagt hatte, daß sie ziemlich unbedenklich seien. Aber sie widersprach, erklärte das alles für Unsinn und behauptete, daß Ärzte und Herstellerfirmen Hand in Hand arbeiteten. Ich hielt das für ein bißchen übertrieben, aber sie war sehr überzeugend, darum versuchte ich, die Einnahme einzuschränken, wie sie vorschlug.
Ich glaube, ich habe am Anfang die Dosis ein bißchen zu schnell

verringert, denn 2 Tage und Nächte war ich richtig krank. Ich hatte schlimme Schüttelanfälle, fühlte mich wie bei einem deftigen, scheußlichen Kater. Ich konnte keinen Bleistift halten, konnte mir auch die Lippen nicht anmalen. Meine Freundin war sehr lieb, sie meinte, ich könnte das Ganze auch ebensogut schnell hinter mich bringen, statt langsam vorzugehen. Inzwischen meine ich, es wäre vernünftiger gewesen, die Dinge etwas langsamer in Angriff zu nehmen. Auf alle Fälle zog sie zu mir auf mein Hotelzimmer und stand mit mir die schlimmsten Stunden durch.

Ehrlich gesagt, von dieser Tagung weiß ich nicht mehr viel. Ich weiß auch nicht mehr, wie schnell oder langsam ich den Tablettenkonsum reduziert habe, aber ich weiß, daß es insgesamt 5 oder 6 Tage gedauert hat. Als ich den Tagungsort verließ, nahm ich gar keine Tabletten mehr, und ich war sehr nervös. Wenn ein Hund in 500 Meter Entfernung bellte, machte ich einen kilometerlangen Satz. Wenn jemand rief oder laut lachte, war ich zu Tode erschrocken. Es war alles ganz schrecklich.

Das dauerte etwa einen Monat, vielleicht auch etwas länger, dann wurde es langsam besser. Dann fing ich wieder an, leichte Depressionen wegen meiner zerbrochenen Ehe zu bekommen. Es war, als wäre dieses Gefühl die ganze Zeit dagewesen, aber die Tabletten hatten den gesamten Prozeß der Verarbeitung nur verlangsamt und über einen längeren Zeitraum verteilt. Eine oder 2 Wochen lang hatte ich sogar wieder Hautausschlag.

Jetzt geht es mir langsam besser, aber ich habe eine Lektion gelernt: Wenn ich wieder einmal in einer Krise stecke, werde ich die Dinge ohne ärztliche Hilfe ins reine bringen. Tabletten? Nein, danke!

Frau O. B.

In unserer Familie kamen häufig Herzerkrankungen vor. Mein Vater war am Herzinfarkt gestorben, er wurde nur 55 Jahre alt. Und meine Mutter starb im letzten Jahr an Herzversagen. Sie war zwar schon 78, aber um ehrlich zu sein, es ging ihr schon lange schlecht. Mein Bruder hat auch Herzbeschwerden und steht seit Jahren unter ärztlicher Kontrolle; 11 Jahre sind es wohl schon. Mein Vater hatte 3 Infarkte, bevor er starb. Und er war in den letzten 10 Jahren seines Lebens an seinen Sessel gefesselt. Ein »Herzkrüppel«.

Ich bekam meine ersten Herzbeschwerden vor etwa 2 Jahren, als ich meine Schwester June besuchte. Sie ist auch nicht gerade das, was man eine gesunde Frau nennen würde. Vor etwa 15 Jahren war ihr die Gebärmutter entfernt worden, und seitdem fühlt sie sich nicht mehr ganz gesund. Als Kind hatte sie es oft auf der Brust, und der Arzt sagte damals schon, daß sie ihr Leben lang Probleme mit der Gesundheit haben würde.

Ich war zu ihr gefahren, um ihr beim Aufräumen der Garage zu helfen. Als wir dabei waren, setzten bei mir die Schmerzen ein. In der Garage standen vor allem Klamotten herum, die Onkel Harry 1979 bei seinem Tod hinterlassen hatte. Er war an Krebs gestorben, hatte aber auch Herzbeschwerden gehabt. Da waren ein paar kleinere Möbelstücke, 5 Kisten voller Bücher und ein Haufen Trödel und Kleinkram. Er war fast 30 Jahre lang bei der Handelsmarine gewesen, und von seinen Reisen hatte er alles mögliche mitgebracht. Vieles davon war wirklich nutzloser Trödel, aber da war auch eine wunderschöne Lampe aus Muranoglas, die jetzt in meinem Schlafzimmer steht. Sie ist an einer Stelle gesprungen, aber das sieht man nur, wenn man ganz nahe herangeht; und ich drehe die Seite sowieso zur Wand, dann bemerkt man es gar nicht.

Die Schmerzen kamen, als wir eine der schweren Kisten bewegten. Sie gingen quer über die Brust und über den rechten Arm. Das sind Schmerzen! Durch meinen Vater kenne ich die Symptome bei Herzerkrankungen.

June rief ihren Arzt an, und er kam sofort. Er war noch ziemlich jung und untersuchte mich nicht gründlich. Er meinte, ich hätte einen Muskel gezerrt und brauchte nur ein wenig Ruhe. Er gab mir ein paar Schmerztabletten mit Aspirin, das ich sowieso nicht vertrage, und er sagte, ich solle die Tabletten alle 4 Stunden nehmen.

Sobald ich wieder zu Hause war, ging ich zu meinem Arzt und

ließ mich untersuchen. Er tat das sehr gründlich, aber daß etwas mit meinem Herzen nicht in Ordnung sein sollte, konnte er auch nicht feststellen. Mich wunderte das ziemlich, denn ich kannte doch die Symptome und hatte genau diese Schmerzen in der Brust. Mein Arzt gab mir irgendwelche Tabletten, sie sollten mir helfen, mich zu entspannen und mir nicht mehr so viele Sorgen zu machen, und er sagte, mit den Tabletten würde ich schon wieder in die Reihe kommen. Er meinte auch, ich könnte sie ruhig über längere Zeit einnehmen, damit die Schmerzen nicht wiederkämen.

Vermutlich würde ich die Pillen immer noch schlucken, aber im letzten Jahr kam Weihnachten mein Neffe James zu Besuch. Er ist Pfleger in einem großen Londoner Krankenhaus, und als er meine Geschichte hörte, meinte er, ich brauchte solche Tabletten überhaupt nicht zu nehmen. Statt dessen sollte ich mich lieber im Krankenhaus gründlich untersuchen lassen. Er rief den Arzt an und vereinbarte einen Termin für mich.

Um es kurz zu machen, ich hatte in der Woche darauf wirklich einen Termin bei einem Herzspezialisten im Krankenhaus. Er hat mich sehr gründlich untersucht, und er verfügte auch über die entsprechenden technischen Geräte dafür. Darunter war ein Apparat mit Bildschirm, auf dem man sein eigenes Herz schlagen sieht. Er zeigte mir, daß mit meinem Herzen alles in Ordnung war, und ich war unglaublich erleichtert. Ich vertraute ihm, weil er der Spezialist war.

Er empfahl mir, die Tabletten abzusetzen, weil sie nicht gut für mich waren. Darüber war ich froh, denn sie hatten ehrlich gesagt überhaupt nicht gewirkt, außer daß ich Verstopfung bekam. Wenn ich darüber nachdenke, hat mein Arzt mir die Tabletten wohl nur gegeben, um mich zu beruhigen. Ich sollte mir keine Sorgen wegen meines Herzens mehr machen. Wenn mein Neffe nicht gekommen wäre, würde ich sie vermutlich immer noch nehmen.

Sachregister

Autogenes Training zum Wohl der Gesundheit.

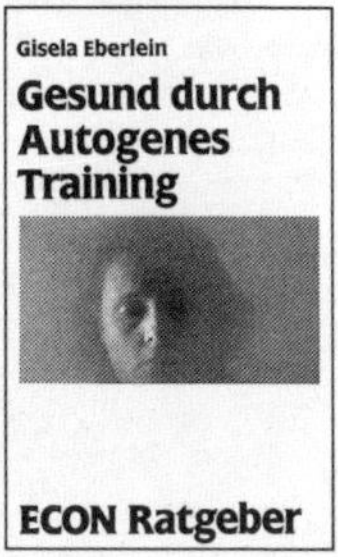

Eberlein, Gisela
Gesund durch Autogenes Training
132 Seiten
6 Zeichnungen
7,80 DM
ISBN 3-612-20141-7
ETB 20141

Das Buch
Alltagsstreß, nervöse Störungen an Herz, Kreislauf, Magen und Darm können durch Autogenes Training behoben werden.
Auch bei Schlafstörungen, depressiven Verstimmungen und Angstzuständen hilft Autogenes Training.
Die Autorin zeigt anhand von eindrucksvollen Beispielen aus ihrer Praxis, welche Erfolge sie mit Autogenem Training erzielte, und sie gibt konkrete Anleitungen, wie das Autogene Training von jedermann angewandt werden kann.
Dies ist ein Ratgeber für alle, die sich geistig und körperlich fit halten wollen.

Die Autorin
Dr. med. Gisela Eberlein unterrichtet in eigener Praxis Autogenes Training und leitet außerdem Kurse und Seminare an einer Volkshochschule sowie in Arbeitsgemeinschaften.

Die Wechseljahre: Keine Krankheit, sondern eine Lebensstufe.

van Keep, Pieter A./
Jaszmann, Laszlo
Die Wechseljahre der Frau
139 Seiten
6 Zeichnungen
6,80 DM
ISBN 3-612-20013-5
ETB 20013

Das Buch
Der Übergang von der fruchtbaren in die nächste Lebensperiode ist für Körper und Psyche der Frau mit einschneidenden Veränderungen verbunden. Neben den rein hormonellen Umstellungen des Körpers und Nebenerscheinungen, wie Hitzewallungen, verbunden mit akuten Schweißausbrüchen, Schilddrüsenstörungen, rheumatischen Gelenkveränderungen, hat die Frau häufig mit psychischen Beschwerden, wie Depressionen und starken Schwankungen im Gefühlsleben, zu kämpfen. Dieses Buch zeigt, wie jede Frau diese Beschwerden erfolgreich durch die bewußte Auseinandersetzung mit dieser Lebensphase angehen kann.

Die Autoren
P. A. van Keep und L. Jaszmann, Gynäkologen, haben in diesem Buch wissenschaftlich fundierte Erfahrungen aus der klinischen Arbeit mit Frauen im Klimakterium zusammengestellt.

Sich selbst massieren – kein Problem.

Stadtlaender, Chris
Selbstmassage
– Gesund und schön durch eigene Kraft –
Originalausgabe
160 Seiten
29 Zeichnungen
8,80 DM
ISBN 3-612-20067-4
ETB 20067

Das Buch
Schon die alten Griechen und Römer wußten um den gesundheits- und schönheitsfördernden Wert der Massage, der bis heute feststeht. Massagen sind teuer, auf Krankenschein kann man sich nur bei Krankheit und bei degenerativen Leiden massieren lassen. Um gesund und schön zu bleiben, kann man sich aber auch selbst massieren, wie, das zeigt die Autorin. Nach einer Einführung in die Geschichte der Massage, einer Erläuterung der Heil-, Sport- und Schönheitsmassagen, der Vorsichtsmaßnahmen bei Schmerzen, Entzündungen und Krampfadern beschreibt sie, wie man sich von Kopf bis Fuß selbst massieren kann, welche Griffe man kennen muß und welche selbst hergestellten Kräuteröle man verwenden kann.

Die Autorin
Chris Stadtlaender ist Fachjournalistin für Medizin und Kosmetik. Sie lebt in Wien.

Box dich fit!

Dunkel, C./Schulz, H.
Boxgymnastik für Frauen
Das neue Fitneßprogramm für den ganzen Körper
Originalausgabe
112 Seiten, 102 Fotos
8,80 DM
ISBN 3-612-20149-2
ETB 20149

Das Buch
Bei dieser neuen Gymnastikart kämpfen nicht Frauen gegen Frauen, sondern es ist eine Sportart, die den Körper besser trainiert als Aerobic und Jogging zusammen. Es ist außerdem ein Anti-Aggressions-Programm, das Streß und Ärger abbaut. Die Autorin beschreibt, welche Geräte und Kleidung benötigt werden, wie hoch der finanzielle Aufwand ist und gibt in ausführlichen Schritt-für-Schritt-Übungen zahlreiche Hinweise für richtiges Training, damit die ideale Figur erreicht werden kann.

Die Autorin
Cornelia Dunkel ist seit vielen Jahren Gymnastik- und Sportlehrerin und hat das Box-Training in ihr Lehrprogramm aufgenommen.

Erste Hilfe für Kinder.

Diagram
Soforthilfe für mein Kind
Bei Unfällen und Krankheiten
128 Seiten
200 Zeichnungen
7,80 DM
ISBN 3-612-20115-8
ETB 20115

Das Buch
Wie wäscht man eine Wunde aus? Wie behandelt man Verbrennungen? Wie wird ein Finger verbunden? Was macht man bei Knochenbrüchen?
Wie entfernt man einen Splitter? Was gehört in den Erste-Hilfe-Schrank? Was macht man bei Hautinfektionen?
Auf diese und viele andere Fragen gibt das Buch klare Antworten, erklärt durch über 200 Zeichnungen. Es sagt den Eltern, wie sie sich bei Kinderkrankheiten und anderen kindlichen Problemen verhalten sollen, bei Blinddarmreizung und Ohrinfektionen, bei Schock und in vielen anderen Fällen.
Dieses Buch wurde in Zusammenarbeit mit dem Deutschen Roten Kreuz erstellt und ist Begleitbuch in einer ZDF-Fernsehreihe.

Mehr Spaß am Lernen – Mehr Zeit zum Spielen.

Beyer, Günther
So lernen Schüler leichter
– Gedächtnis- und Konzentrationstraining –
128 Seiten, 92 Zeichnungen, 49 Übungen
6,80 DM
ISBN 3-612-20001-1
ETB 20001

Das Buch
Mangelhafte Konzentrationsfähigkeit und schlechtes Gedächtnis sind oft die Ursachen für ungenügende Leistungen in der Schule. Dieses Buch schafft Abhilfe: Kinder zwischen 8 und 15 Jahren erfahren, wie sie mit einfachen Lerntechniken ihr Gedächtnis schulen und ihre Konzentrationsfähigkeit erhöhen können, um besser zu werden, Spaß am schnellen Lernen zu finden und damit mehr Zeit zum Spielen zu haben.
Übungen und Kontrolltests helfen, Können und Leistungen zu steigern.

Der Autor
Günther Beyer ist Gründer des Eltern-Schüler-Förderkreises Nordrhein-Westfalen. Er leitet ein eigenes Institut für Creatives Lernen.
Im ECON-Verlag erschienen seine Ratgeber „Creatives Lernen", „Gedächtnis- und Konzentrationstraining" und „Superwissen durch Alpha-Training".

Die Ängste unserer Kinder.

Eberlein, Gisela
Ängste gesunder Kinder
– Praktische Hilfe bei Lernstörungen –
158 Seiten
7,80 DM
ISBN 3-612-20010-0
ETB 20010

Das Buch
Jedes Kind kämpft mit unbewußten Ängsten, die es in irgendeiner Form hindern, zwanglos fröhlich, aktiv und spontan zu sein. Nervosität, Schlafstörungen, Kontaktschwierigkeiten, ja sogar Asthma, Stottern, Bettnässen sind Folgen dieser Ängste, die durch gezielt angewendete psychologische und pädagogische Entspannungsübungen behoben werden können. Wie, das zeigt dies Buch.

Die Autorin
Dr. med. Gisela Eberlein lehrt in eigener Praxis, in Seminaren und Arbeitsgemeinschaften autogenes Training. Besonders bei Kindern erzielte sie über psychologisch und pädagogisch fundierte Entspannungsmethoden große Erfolge.

Damit der Kindergeburtstag wirklich gelingt.

Kiskalt, Isolde
Wir feiern eine Kinderparty
Spiele, Rezepte, Zaubereien für 4- bis 10jährige
Originalausgabe
128 Seiten
86 Zeichnungen
7,80 DM
ISBN 3-612-20102-6
ETB 20102

Das Buch
Wichtig für eine Kinderparty ist die richtige Vorbereitung. Essen und Trinken, Spiele und Gewinne müssen geplant werden. Dazu findet man in diesem Buch zahlreiche Anregungen und Vorschläge.

Aus dem Inhalt
Vorbereitungen zur Party · Rezepte für Kindergetänke, Gebäck und kleines kaltes Büfett · Bekannte und weniger bekannte Spiele (mit Altersangabe) · Kleine Zaubereien für die Erwachsenen · Zum Ausklang des Festes: eine Tombola.

Die Autorin
Isolde Kiskalt ist Schriftstellerin und bringt hier ihre Erfahrungen, die sie bei Festen für ihre Tochter gewonnen hat.

Naturheilmethoden und heimliche Krankmacher.

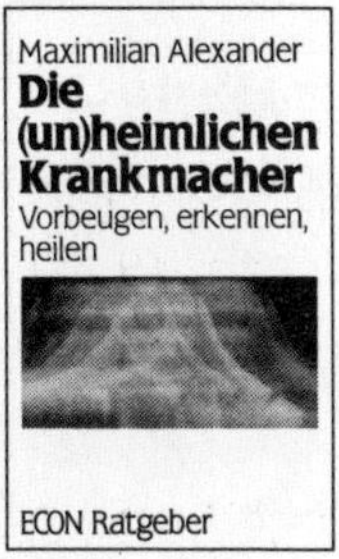

Alexander, Maximilian
Die (un)heimlichen Krankmacher
– Erkennen, Heilen, Vorbeugen –
Originalausgabe
144 Seiten
9,80 DM
ISBN 3-612-20039-9
ETB 20039

Das Buch
Die verborgenen Krankheitsursachen sind das große Handicap der konservativen Schulmedizin, die Krankheitssymptome werden mit höchst bedenklichen Mitteln der Chemie unterdrückt.
Die moderne Naturmedizin aber geht auf den Menschen als Ganzes ein und hilft, Störfelder, vergiftete Stoffwechsellagen, Wirbelsäulenveränderungen, nervale Blokkaden, Lymphstauungen, Psychotoxine, Blutdruck, Durchblutungsstörungen, Sauerstoffmangel, Allergien, Wetterfühligkeit und Therapieschäden zu normalisieren. Ein Krankheits- und Heilmittelregister schließt das Buch ab.

Der Autor
Maximilian Alexander arbeitet seit vielen Jahren als freier Journalist und Schriftsteller. Seine Spezialgebiete sind Medizin und Naturheilkunde.

Biomedizin – die natürliche Alternative.

Alexander, Maximilian/Zoubek, Eugen
Schmerzfrei durch Biomedizin
– Neue Naturheilmethoden –
143 Seiten
6,80 DM
ISBN 3-612-20000-3
ETB 20000

Das Buch
Akute und chronische Schmerzzustände sind das Schicksal vieler Menschen und können oft einen Lebensweg beeinflussen und prägen. Die Biomedizin bietet eine natürliche Alternative zu den herkömmlichen Schmerzmitteln.
Wirksame Präparate, auf rein biologischer Basis hergestellt, helfen Schmerzen ohne schädliche Nebenwirkungen überwinden, mobilisieren Eigenkräfte und setzen einen natürlichen Heilungsprozeß in Gang. Anhand zahlreicher Praxisbeispiele zeigen die Autoren, mit welchen Mitteln der modernen Naturmedizin der Mensch Krankheiten und Schmerzen vorbeugen und sich selbst erfolgreich behandeln kann.

Die Autoren
Maximilian Alexander arbeitet seit vielen Jahren als freier Journalist und Schriftsteller. Seine Spezialgebiete sind Medizin und Naturheilkunde.
Eugen Zoubek ist Homöopath und Arzt.

Nie mehr Verstopfung.

Leibold, Gerhard
Gesund und fit durch Ballaststoffe
Originalausgabe
140 Seiten
5 Zeichnungen
7,80 DM
ISBN 3-612-20082-8
ETB 20082

Das Buch
Ballaststoffe sind wichtige Bestandteile der menschlichen Nahrung. Der Autor schildert die Notwendigkeit der Verwendung und die Gefahren für die Gesundheit bei Mangel an Ballaststoffen.

Aus dem Inhalt
Was sind Ballaststoffe? · Natürliche Ballaststoffquellen · Stuhlgang ohne Probleme · Regulierung der Blutfett- und Blutzuckerwerte · Vorbeugung von Krebskrankheiten · Krank durch Ballaststoffmangel · Richtige Ernährung · Rezepte für ballaststoffreiche Ernährung.

Der Autor
Gerhard Leibold ist erfahrener Heilpraktiker und Autor zahlreicher Sachbücher.

Krankheiten erkennen und selbst behandeln.

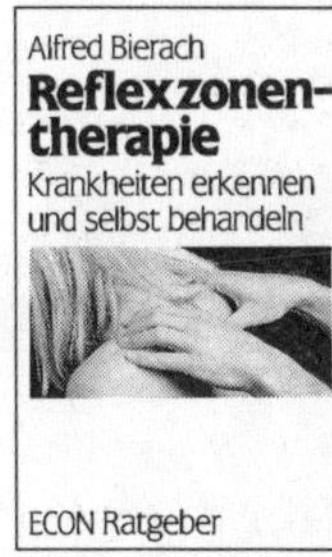

Bierach, Alfred
Reflexzonentherapie
– Krankheiten erkennen und selbst behandeln –
123 Seiten
89 Zeichnungen
46 Fotos
6,80 DM
ISBN 3-612-20002-X
ETB 20002

Das Buch
Geistige Anspannung und körperliche Verkrampfung führen oft zu Verhärtung oder Knötchen, da von den inneren Organen Reflexbahnen zur Körperdecke laufen, die diese verändern. Durch Reflexzonenmassage kann man über bestimmte Gebiete der Körperdecke auf innere Organe einwirken, Schmerz lindern oder heilen.
Die exakte Bebilderung in diesem Buch zeigt, welche Körperzonen bei welchen Erkrankungen behandelt werden sollen.

Der Autor
Alfred Bierach leitet eine eigene Praxis für Psychotherapie und Naturheilkunde am Bodensee. Seit Jahren wendet er Reflexzonenmassage erfolgreich an.

AIDS wurde zum Schrecken der Welt.

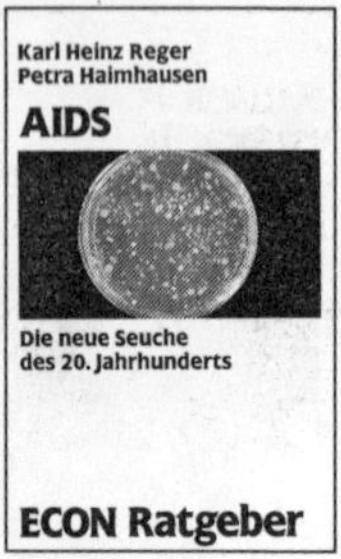

Reger, Karl Heinz/
Haimhausen, Petra
AIDS
– Die neue Seuche des 20. Jahrhunderts –
134 Seiten
8,80 DM
ISBN 3-612-20084-4
ETB 20084

Das Buch
Dieses Buch soll Aufklärung schaffen, es offenbart alles, was heute über diese verhängnisvolle Krankheit und ihre Entstehung bekannt ist.

Aus dem Inhalt
Fünf Schicksale, die am Beginn einer neuen Epidemie stehen · So kann AIDS entstehen · Wie AIDS in den Körper gelangt · Krankheitserreger, die für AIDS-Kranke tödlich sein können · Was Ärzte heute gegen AIDS tun können · Wie AIDS-Gefährdete sich schützen können.

Die Autoren
Karl Heinz Reger ist Journalist und Sachbuchautor medizinischer Themen.
Dr. med. Petra Haimhausen ist Ärztin.

Jeder 5. Deutsche reagiert allergisch.

Ulrich, Wolf
Allergien sind heilbar
– Hilfe bei Heuschnupfen und anderen allergischen Krankheiten –
159 Seiten
14 Zeichnungen
8,80 DM
ISBN 3-612-20023-2
ETB 20023

Das Buch
Tränende Augen, Schnupfnase, geschwollene Schleimhäute oder absinkender Blutdruck sind typische Symptome für Allergien, die ausgelöst werden können durch Pilzsporen oder Pollen, durch Medikamente, Mehl, verschiedene Fasern, Milch, Obst, Fisch oder Eier. Beschrieben wird, welche Krankheitsbilder mit welchen Symptomen allergisch bedingt sind, welche Diagnosemethoden es gibt, welche Vor- und Nachteile sie haben und wie Allergien behandelt werden können.

Der Autor
Dr. med. Wolf Ulrich ist Medizinjournalist und Verfasser anderer Bücher. Im ECON-Verlag erschienen seine Ratgeber „Schmerzfrei durch Akupressur und Akupunktur", „Zellulitis ist heilbar" und „Haare pflegen und erhalten".

Rheuma: Die Geißel Nummer 1.

Alexander, Maximilian
Rheuma ist heilbar
– Neueste Naturheilmethoden –
142 Seiten
7,80 DM
ISBN 3-612-20017-8
ETB 20017

Das Buch
Mindestens vier Prozent der Menschheit ist an Rheuma erkrankt. Die herkömmliche Medizin hat diese Krankheit mit ihren verheerenden Folgen für Patient, Staat und Volkswirtschaft nicht in den Griff bekommen können.
In diesem Buch werden hochwirksame Naturheilmethoden gegen den gesamten Rheumakomplex dargestellt. Bei konsequenter Anwendung kann mit Naturheilmitteln dieses Leiden gelindert werden, eine neue Hoffnung besteht zurecht.

Der Autor
Maximilian Alexander arbeitet seit vielen Jahren als Medizin-Journalist.

Jede dritte Frau leidet unter Orangenhaut.

Ulrich, Wolf
Zellulitis ist heilbar
– Orangenhaut vorbeugen und selbst behandeln –
128 Seiten
51 Fotos
6,80 DM
ISBN 3-612-20012-7
ETB 20012

Das Buch
Zellulitis ist heilbar! Der Autor erklärt, wie Zellulitis entsteht, und schildert, wie man Zellulitis erfolgreich vorbeugen kann und sie heilt. Er entwickelte ein mehrstufiges Anti-Zellulitis-Programm, mit dem er durch Lebensführung, richtige Ernährung, Sport und Gymnastik, Massage, Medikamente und viel Geduld in zehn Wochen diese häßliche Krankheit heilen kann. 51 Fotos erläutern sein Programm und erleichtern dem Leser, es alleine durchzuführen.

Der Autor
Dr. med. Wolf Ulrich ist Facharzt für Hautkrankheiten.

Bewußter leben und erleben.

Stangl, Marie-Luise
Jede Minute sinnvoll leben
– Vertrauen zu sich selbst gewinnen –
123 Seiten
5,80 DM
ISBN 3-612-20015-1
ETB 20015

Das Buch
Eine der besten Kennerinnen der alten chinesisch-japanischen Weisheiten des Zen-Buddhismus verhilft dem Leser – von der Hausfrau bis hin zum Top-Manager – zu einem neuen Verständnis seiner selbst. Sie beschreibt, wie man durch Bewußtwerdung ganz alltäglicher Tätigkeiten und Verrichtungen – wie Gehen, Stehen, Laufen, Essen, Arbeiten – sein Leben und seine Persönlichkeit eindringlicher und bejahender erlebt und erfaßt, wie man sich von Angst, Zerrissenheit, Selbstentfremdung und aus innerer Einsamkeit löst und dadurch neue Lebenskraft schöpft.

Die Autorin
Marie-Luise Stangl leitet im Odenwald, zusammen mit ihrem Mann Dr. Anton Stangl, seit vielen Jahren Seminare zur Persönlichkeitsbildung durch Entspannungstechniken.

Der Weg zum inneren Reich.

Müller-Elmau, Bernhard
Kräfte aus der Stille
– Die transzendentale Meditation –
191 Seiten
7,80 DM
ISBN 3-612-20021-6
ETB 20021

Das Buch
Ohne Bewußtsein könnten wir nichts von unserem Dasein als Mensch wissen. Transzendentale Meditation führt den Menschen wieder in die Bereiche des Seelisch-Geistigen zurück und erschließt ihm sein inneres Reich und ein Bewußtsein, in dem Liebe, Glück und Würde ihren angestammten Platz einnehmen können.

Der Autor
Bernhard Müller-Elmau leitet Schloß Elmau am Wetterstein, das sein Vater als Stätte geistiger Erholung geschaffen hat. Er beschäftigt sich seit vielen Jahren mit Transzendentaler Meditation. Während eines Studienaufenthaltes in Indien traf er Maharishi Mahesh Yogi, der dies erste deutsche Buch über Transzendentaler Meditation gut geheißen hat.

Wir sind alle auf demselben Weg.

Stangl, Marie-Luise
Die Welt der Chakren
– Praktische Übungen zur Seins-Erfahrung –
Originalausgabe
107 Seiten
49 Zeichnungen
5,80 DM
ISBN 3-612-20022-4
ETB 20022

Das Buch
Die Lehre von den Chakren – eine indische Lehre – handelt von den menschlichen Kraftzentren, den Zentren, in denen der Mensch die Schwingungen seiner Lebensenergie oder Lebenskraft aus dem Kosmos, der unmerklichen Quelle seines Seins aufnimmt. Dieses Buch soll dem Leser helfen, bewußter zu leben, sein Denken und Fühlen im Hier und Jetzt zu zentrieren, sich zu entspannen, Zuversicht, Vertrauen, Frieden und Liebe zu finden.

Die Autorin
Marie-Luise Stangl ist Entspannungspädagogin. Sie leitet seit vielen Jahren, zusammen mit ihrem Mann Dr. Anton Stangl, Seminare zur Selbsterfahrung und Selbstverwirklichung durch Eutonie und Zen.

Schlank im Schlaf.

Bierach, Alfred
Schlank im Schlaf durch vertiefte Entspannung
– Die SIS-Methode –
144 Seiten, 1 Grafik
6,80 DM
ISBN 3-612-20008-9
ETB 20008

Das Buch
Durch vertiefte Entspannung im Schlaf schlank werden, dies ist eine neue Methode, die all jenen zu empfehlen ist, die ohne Mühe schlank werden und endlich wieder ihr Normalgewicht erreichen wollen. Im Zustand tiefster Entspannung suggeriert der Mensch seinem Unterbewußtsein ein verändertes Ernährungsprinzip und kann so bei Bewußtsein mühelos den neuen Weg einhalten. Eine wissenschaftliche und praxiserprobte Methode, die in psychosomatischen Kliniken angewandt wird.

Der Autor
Dr. Alfred Bierach, Psychotherapeut und Naturheilkundler, ist in eigener Praxis am Bodensee tätig. Mit der SIS-Methode hat er vielen Patienten geholfen, schlank zu werden.

Das Standardwerk der biologischen Küche.

Danner, Helma
Biologisch kochen und backen
– Das Rezeptbuch der natürlichen Ernährung –
288 Seiten, 8 Farbtafeln, 425 Rezepte
14,80 DM
ISBN 3-612-20003-8
ETB 20003

Das Buch
Natürliche Ernährung ist nicht nur gesund, sondern auch wohlschmeckend, durch sie können Krankheiten geheilt, gelindert und verhindert werden: Karies, Paradontose, Erkrankung des Bewegungsapparates, Zuckerkrankheit, Leber-, Gallen-, Nierenerkrankungen, Beschwerden der Verdauungsorgane, Gefäßerkrankungen u. v. a. m. Naturbelassene Ernährung bringt dem Menschen neuen Schwung, Elastizität, Ausdauer und hohe Konzentrationsfähigkeit, sie erhält ihn gesund und schlank.
Die Rezepte in diesem Buch sind praxiserprobt.

Die Autorin
Helma Danner ist Gesundheitsberaterin.
Sie beschäftigt sich seit vielen Jahren mit der wissenschaftlichen und Laienliteratur auf dem Ernährungssektor, mit neuesten und alten Gesundheits- und Kochbüchern.

Gesunde Ernährung für körperliches und seelisches Wohl.

Dörner, Ilse Sibylle
Das grüne Kochbuch
– Handbuch der naturbelassenen Küche –
270 Seiten
20 Zeichnungen
382 Rezepte
12,80 DM
ISBN 3-612-20026-7
ETB 20026

Das Buch
Das Handbuch der naturbelassenen Küche beweist mit über 380 Rezepten, daß man gesund leben und trotzdem köstlich essen kann.
Modernes Kochen mit frischen und gesunden Lebensmitteln, die schonend, selbst für schmackhafte Speisen, verarbeitet werden – unter dieser Maxime steht das grüne Kochbuch mit seinen vielen praxiserprobten Rezepten, Anleitungen, Tips und Ratschlägen zur naturbelassenen Küche. Es zeigt aber auch, daß Kochen nicht erst am Herd beginnt: Joghurt und Käse, Gemüse und Kräuter aus eigener Produktion bereichern jeden Tisch.

Die Autorin
Ilse Sibylle Dörner schreibt als freie Journalistin u. a. für die Zeitschrift „Feinschmecker". Sie ist Autorin mehrerer Kochbücher.

Endlich! Die Diät, die Spaß macht.

Dörner, Ilse Sibylle
Diät mit Bio-Kost
– Schlank, gesund und fit –
Originalausgabe
189 Seiten
16 Zeichnungen
232 Rezepte
9,80 DM
ISBN 3-612-20019-4
ETB 20019

Das Buch
Bio-Diät ist eine neue, gesunde Möglichkeit, schlank zu werden und schlank zu bleiben. Köstliche Rezepte, eine Einführung in die Kräuter- und Keimlingszucht, Bio-Kosmetik und Bio-Medizin verleiten den Leser, sofort anzufangen und ohne Qual und zeitliche Begrenzung seinem Körper etwas Gutes zu tun, ihn schlank und fit zu halten.

Die Autorin
Ilse Sibylle Dörner schreibt als freie Journalistin u. a. für die Zeitschrift „Feinschmecker". Sie ist Autorin mehrerer Kochbücher, u.a. „Das grüne Kochbuch", ein Standardwerk für die alternative Küche.

Schnäpse und Liköre – Auch ein Stück Gesundheit?

Buss, Katharina
Leib-u. Magenelixiere
– Selbstgemachte Liköre u. Schnäpse –
Originalausgabe
144 Seiten
30 Zeichnungen
4 Farbtaf., 167 Rezepte
8,80 DM
ISBN 3-612-20018-6
ETB 20018

Das Buch
Äbte, Padres und Nonnen durften keinen Alkohol zu sich nehmen, und doch haben sie die besten Rezepte für die Zubereitung von Kräuterlikören und Schnäpsen zusammengestellt.
Viele der alten Klostertränke sind hier in etwa 200 Rezepten aufgenommen. Für jeden Geschmack und für die Gesundheit obendrein ist etwas dabei. Eine Tabelle über die Reifezeiten von Früchten und Kräutern erleichtern die jährliche Planung der eigenen Herstellung.

Die Autorin
Katharina Buss ist Lebensmitteljournalistin, sie schreibt u. a. für den „Feinschmecker". Die Rezepte hat sie selbst ausprobiert.